Bayer, Pro-Aging statt Anti-Aging

Leonie Bayer

Pro-Aging statt Anti-Aging

Eine empirische Arbeit zu einer differenzierten Seniorenpastoral der Zukunft

Hartung-Gorre Verlag Konstanz

2021

MenschenArbeit. Freiburger Studien **BAND 40**
Herausgegeben von
Michael N. Ebertz, Werner Nickolai und Martin Becker

Bibliografische Information Der Deutschen Bibliothek
Die Deutsche Nationalbibliothek verzeichnet diese Publikation in der Deutschen Nationalbibliografie; detaillierte bibliografische Daten sind im Internet über http://dnb.d-nb.de abrufbar.

Erste Auflage 2021
HARTUNG-GORRE VERLAG KONSTANZ
ISSN 1431 - 3553
ISBN-10: 3-86628-704-6
ISBN-13: 978-3-86628-704-4

Für meine Wegbegleiter*innen

Inhalt

Vorwort zur Publikation: Pro-Aging statt Ani-Aging

Das Thema des Alter(n)s ist subjektiv eine lebenslange Aufgabe und gesellschaftlich eine herausfordernde demografische Transformation. Sie fordert einen differenzierten Umgang in Welt und Kirche. Lange galt die Zeit nach dem sogenannten aktiven Leben als eine Zeit, die ökonomisch und partizipativ keine Relevanz mehr hat. Vielfach wurden Menschen in Frühruhestand geschickt und ihre gesammelte Lebensweisheit als Ressource vernachlässigt. Durch eine immer weiter steigende Lebenserwartung entstand eine ganz neue Lebensphase, die in sich nochmals mindestens zwei weitere Phasen birgt. Eine erste Senior*innenphase ist von Vitalität und oft Unternehmenslust geprägt. Sie ist durchaus bereit, sich punktuell und situativ beispielsweise sozial zu engagieren, aber hat auch eigene Vorstellungen, das Leben freiheitlich und explorativ zu gestalten. Gerade die Freiheit einer Nicht-Gebundenheit, Möglichkeiten des Ausprobierens oder des Reisens gewinnen Raum und wollen in dieser Phase gelebt werden. Erst körperliche Einschränkungen oder Krankheiten grenzen diese Phase ein und kennzeichnen den Übergang in eine beschränktere Altersphase.

Diese Verflüssigung der Altersphasen und deren Bedürfnisse müssen vom direkten Umfeld, aber auch von unterschiedlichen gesellschaftlichen Playern wahrgenommen und berücksichtigt werden. Gewohnte Routinen und organisationale Strukturen greifen nicht mehr, sondern müssen am entsprechenden Lebensgefühl, das nicht mehr kontingent ist ausgerichtet werden. Wirtschaftsunternehmen entdecken die Ressource lebenserfahrener Mitarbeiter*innen, angebotsorientierte und bindungsorientierte Organisationen stellen ihre Arbeitsweise auf situative Logiken um und auch

Kirchen können nicht mehr auf Routinen und alte Funktionsmuster zurückgreifen, sondern sind herausgefordert, sich an dem differenzierten Lebensbild alternder Menschen zu orientieren.

Eine Pastoral der Zukunft orientiert sich am Menschen, der individuell und anlassorientiert handelt. Sie bewegt sich im Sozialraum der Menschen, begleitet sie in ihrer ganz singulären Weise und schafft einen Freiraum, sich mit den eigenen Möglichkeiten zu verwirklichen und einzubringen. Dabei entdeckt Kirche ein genuines Handeln Jesu, das immer ein Beziehungs- und Begegnungsgeschehen war, in dem durch eine Form des Einlassens und Freigebens Platz für den/die andere entstand. Gerade in dieser Haltung konnten Menschen heil werden und die bedingungslose Liebe und Zuwendung Gottes erfahren.

Diesen „verheutigenden" Ansatz von Pastoral, der an der Erfahrung der Menschen ansetzt und sie mit dem Evangelium in Verbindung bringt, stellt Leonie Bayer auf beeindruckte Weise dar. Sie sensibilisiert für das Thema Altern, indem sie empathisch über einen persönlichen, historischen und demografischen Bezug Ängste, Fragen und Perspektiven von älteren Menschen aufgreift. In dieser Differenzierung wird schon deutlich, dass eine Seniorenpastoral passende Angebote und alterszugewandte Haltungen braucht. Im Begriff der „älteren Menschen" wird eine treffende Formulierung gefunden, die fluiden Grenzen von Altersphasen zu beschreiben.

In interdisziplinären Annäherungen bringt Frau Bayer den/die Leser*in bezüglich der Altersstruktur in Deutschland, in soziologischer und entwicklungspsychologischer Perspektive auf den aktuellen Forschungsstand.

Mit diesen sehr guten Grundlegungen zur Altersthematik ist der Boden für eine weiterführende theologische Auseinandersetzung und Suche eröffnet. Ausgehend von einer biblischen Erkundung, die auf den Weisheitsbegriff im Kontext von göttlicher Autorität führt, entscheidet sich die Autorin für zwei ermutigende Impulse: zum einen für einen Zuspruch des Angenommen-seins und zum andern für einen Zuspruch zur Vulnerabilität. Beide Aspekte eröffnen eine soteriologische Dimension, die gerade angesichts von Momenten der Unterbrechung und von Lebensübergängen eine besondere Relevanz aufweisen. Der zweite öffnet bereits mit einer Hoffnungsperspektive in eine eschatologische Richtung, die gerade auch für ältere Menschen immer mitschwingt. Ausgehend von diesen theologischen Impulsen wendet die Autorin geschickt die Perspektive auf die älteren Menschen und fragt, welcher Glaube und welcher Gott ihnen zum Leben helfen.

Schließlich münden diese theologischen Spuren in eine Neubestimmung einer Seniorenpastoral. Dabei geht die Autorin von zwei Thesen aus: zum einen sollten Senior*innen als Subjekte wahrgenommen werden und zum anderen sollte eine Angebots- durch eine Befähigungspastoral zumindest produktiv ergänzt werden. Mit diesen beiden Thesen wird die Türe für eine Seniorenpastoral geöffnet, die sich stärker am Leben als an der Lebensphase orientiert.

Die aus der fachtheoretischen Auseinandersetzung gewonnenen Thesen werden im empirischen Teil auf den Prüfstand gestellt und nach weiteren Wahrnehmungen und Erkenntnissen gesucht. Und dies macht die Autorin in einer methodisch vorzüglichen, ja vorbildlichen Qualität. Dies gilt für ihre Führung von problemzentrierten Expert*inneninterviews mit Personen, die in der Seniorenarbeit spezialisiert sind und die selbst zur Zielgruppe gehören, ebenso wie für ihre Sorgfalt bei der Inhaltsanalyse der davon erstellten Transskripte.

Schließlich münden die Ergebnisse in abschließende Optionen. Diese eröffnen eine neue Form von Altenpastoral mit einer interessanten pastoralen Weitung, die als Pastoral des Lebens, der Lebensspanne und als altersbejahende Pastoral beschrieben wird. Am Ende bleibt eine Spannung zukünftiger Altenpastoral erhalten, die sich zwischen einer spezifischen und altersunabhängigen Ausrichtung bewegt.

Das Besondere an diesem Weg ist, dass er nicht nur ein Zusammentragen und Verbinden eines Forschungsstandes ist, sondern dass gerade durch die empirische Erhebung eigenständige Gedanken und Weitungen für eine heutige Pastoral entstehen.

Die Bewältigung des eigenen Alters ist nach dem Lesen dieser Arbeit von Leonie Bayer keine Altersfrage mehr, sondern obliegt einer subjektorientierten und stärkenden Pastoral, aus der sich Themen, Anliegen und Bedürfnisse ergeben. Wo eine solche Begleitung gelingt, wo es für diese Fragen und Wünsche einen Platz gibt, dort entsteht und ereignet sich Kirche.

Bernd Hillebrand, Freiburg 15.03.2021

1 Einleitung

„Immer mehr Menschen haben Angst vor Überalterung“ titelt die FAZ am 3. August 2018 und ist damit in guter Gesellschaft: Während die Schlagzeilen großer Zeitungen von Pflegenotstand und Überalterung berichten und Drogerien und Magazine Produkte bewerben, die das sichtbare Altern verhindern, schwebt das Stichwort „Demografischer Wandel“ wie ein Damoklesschwert über der Thematik des Alter(n)s. Dieser Wandel scheint auf viele Menschen bedrohlich oder sogar beängstigend zu wirken. Es ist eher ein Anti-Aging-Blick im Sinne einer negativen oder zumindest weniger positiven Einstellung, den ein großer Teil der Gesellschaft auf das Alter(n) zu richten scheint. Der besagte demografische Wandel zeichnet sich auch innerhalb der Kirchenmauern ab – betrachtet man die Wochentagsmessen und Sonntagsgottesdienste außerhalb von Familienfeiern oder großen Hochfesten stellt man fest, dass dort hauptsächlich die älteren Gemeindemitglieder anzutreffen sind. Oft wird der Fokus der pastoralen Arbeit dann auf Familien gelegt und vieles unternommen, um diese jüngeren Generationen in die Kirche (zurück) zu holen. Pastorale Angebote für Senior*innen beschränken sich meist auf das Angebot der Senior*innennachmittage, bei welchen man bei Kaffee und Kuchen sitzen und sich mit Gleichaltrigen unterhalten kann.

Bei der Auseinandersetzung mit Entwicklungen wie dem demografischen Wandel, aber auch der Gestaltung von Angeboten für ältere Menschen, schwingt immer auch die grundsätzliche Frage nach der Definition von ‚Alter‘ mit. Wann ist man ‚alt‘? Wo sind die Grenzen zwischen ‚reif‘, ‚alt‘, ‚hochbetagt‘? Wer sind die ‚jungen Alten‘ und werden sie in unserer Gesellschaft überhaupt wahrgenommen? Oder wird angesichts des Pflegenotstands und wachsender Verantwortung doch allzu schnell ein ängstlicher Blick auf die Generation der Ü-80er geworfen?

Zudem lässt sich feststellen: Nicht nur die Altersstruktur der Gesellschaft verändert sich, sondern auch die Biografien und Lebenssituationen von Menschen im fortgeschrittenen Alter sind heute andere als die der vorhergehenden Generationen. War das bisherige Altersbild maßgeblich durch Menschen geprägt, die Weltkrieg(e) und die Nachkriegszeit(en) miterlebt und oftmals Flucht und Vertreibung erfahren hatten, sind die heutigen Rentner*innen häufig Kinder der Wirtschaftswunderjahre. Auch die Lebensverhältnisse unterscheiden sich - gibt es beispielsweise immer häufiger alleinstehende Menschen, deren familiäre Netze weniger tragfähig sind.

Generell lässt sich beim Blick auf die hohen Alterszahlen ebenfalls fragen, was diese Entwicklungen für die Pastoral bedeuten. Sind die Angebote, die Kirche bietet, ansprechend ausgerichtet für die älteren Menschen der Gesellschaft? Und auch hier: Haben die ‚jungen Alten' einen Platz, oder befinden sie sich in einer pastoralen Nische? Ein undifferenziertes Altersbild kann sich eine moderne und ambitionierte Pastoral auf dem Hintergrund der Heterogenität und Diversität von Alter(n) nicht mehr leisten. Braucht es also eine Neuorientierung der Seniorenpastoral?

Diese und andere Anfragen waren Ausgangspunkt und Anlass, sich mit der Thematik einer differenzierten Seniorenpastoral der Zukunft zu beschäftigen. Ziel der Bachelorarbeit ist es zu erfragen, ob es eine Neuorientierung der bisherigen Pastoral für ältere Menschen braucht, was diese beinhaltet und wie diese letztendlich aussehen könnte, um diese Zielgruppe differenziert anzusprechen, auf ihre Bedürfnisse einzugehen und dabei zukunftsfähig zu sein. Inwiefern kann eine solche Seniorenpastoral zur Wandlung des Anti-Aging-Blicks hin zu einer altersbejahenden Pro-Aging-Haltung beitragen? Die vorliegende Arbeit nimmt als Zielgruppe Menschen im Alter zwischen 65 und 75 Jahre in den Blick.

Durch Interviews mit Personen, die zu dieser Zielgruppe gehören, aber auch solchen, die in der Seniorenpastoral und -arbeit beruflich tätig sind, sollen Antworten auf die oben gestellten Fragen gefunden werden.

Die vorliegende Arbeit widmet sich im ersten Kapitel zunächst den Begrifflichkeiten der Altersthematik, den gegenwärtigen Altersstrukturen, verdeutlicht durch Zahlen und Fakten, sowie den soziologischen und entwicklungspsychologischen Erkenntnissen in Bezug auf Alter(n). Anschließend an diese Annäherungen soll die Altersthematik im dritten Kapitel unter theologischen und pastoraltheologischen Aspekten betrachtet werden. Biblische Befunde, Glaube im Alter und Entwicklung von Religiosität bilden einige Eckpfeiler dieses Kapitels, woraus sich Konsequenzen für die Pastoraltheologie ergeben.

Der zweite Teil der Arbeit widmet sich der durchgeführten Forschung, zu welcher zum einen Personen in der besagten Alterspanne, zum anderen aber auch in der pastoralen und diözesanen Seniorenpastoral sowie der außerkirchlichen Seniorenarbeit Beschäftigte mithilfe von leitfadengestützten Interviews befragt wurden. Im vierten Kapitel wird auf das methodische Vorgehen im Forschungsprozess eingegangen: Als Erhebungsmethode diente das problemzentrierte Interview nach Witzel (1989, 2000) bei der Auswertung wurde die qualitative Inhaltsanalyse nach Mayring (2015) angewandt. Im Anschluss erfolgt anschließend eine ausführliche Darstellung der Ergebnisse, welche in zehn Thesen gegliedert ist. In der darauffolgenden Diskussion werden die Ergebnisse vor dem zuvor dargestellten theoretischen Hintergrund betrachtet und der Forschungsprozess einer kritischen Betrachtung unterzogen. Abschließend soll ein Ausblick für eine Seniorenpastoral der Zukunft gegeben werden (Kapitel 5).

2 Annäherungen an das Thema Alter(n)

Das Alter(n) ist, wie in der Einleitung bereits anklang, längst nicht nur von gesellschaftlichem, sondern auch von wissenschaftlichem Interesse. Zahlreiche Artikel und Bücher beschäftigen sich mit dieser Thematik; bestehende Theorien und (Handlungs-)Konzepte werden immer wieder überholt. In der Auseinandersetzung mit der Altersthematik zeigt sich, wie mannigfaltig die Zugänge und Betrachtungsweisen sind. Im Folgenden soll die Beleuchtung verschiedener Perspektiven eine Annäherung an das Thema Alter(n) bringen.

2.1 Begriffliche Annäherungen

Wie spricht man über alte Menschen und wie sprechen diese über sich? Schon in den 1970er-Jahren wurde über diese Fragen sowohl in der Gerontologie, der wissenschaftlichen Disziplin, die sich mit Alter(n) beschäftigt, als auch in der Gesellschaft diskutiert (Wahl und Heyl 2015). Senior*innen, ‚silver-agers', junge Alte, alte Alte, aktive Alte, Menschen im höheren Erwachsenenalter, Kohorte eins, zwei und drei - die Reihe der Begriffe ist lang und es scheint, trotz des hohen Interesses an Alter, eine Unsicherheit über die Bezeichnung zu geben (ebd.). Das mag zum einen daran liegen, dass die Sensibilität bezüglich der Diskriminierung über Sprache, in diesem Fall der Altersdiskriminierung (‚Ageism'), zugenommen hat, aber sicherlich auch an der Vielschichtigkeit, welche die Begriffe ‚Alter' und ‚Altern' mit sich bringen (ebd.).

Der Begriff des ‚Alterns' fokussiert zunächst den Prozess des Älterwerdens. Dabei ist Altern kein Begriff, welcher sich ausschließlich auf die Phase des höheren Erwachsenenalters bezieht. Der Mensch altert in jeder Lebensphase, schon von Geburt an, und sammelt in diesem Prozess

Lebenserfahrungen. Auch in höheren Lebensphasen kommen neue Dynamiken und Erkenntnisse hinzu. Phänomene wie der Verlust der Berufsrolle, das Erleben des Todes nahestehender Personen, die Erfahrung von neuen (zeitlichen) Freiräumen und das Erleben der Bedrohung der eigenen Autonomie sind zwar nicht ausschließlich diesen Lebensphasen vorenthalten, aber treten in ihnen typischerweise gehäuft auf (Wahl und Heyl 2015). Entgegen stereotyper Vorstellungen des Alternsprozesses ist dieser nicht identisch mit einem Prozess des Abbaus. Alter *kann* mit Reduktionen von Leistungsfähigkeit, dem Einbüßen individueller Kompetenzen und dem Verlust von Rollen einhergehen, muss dies jedoch nicht zwangsläufig. Stattdessen kann Altern auch ein Wachstum an Persönlichkeit bringen oder zu Kompetenzerweiterung führen (Faltmaier et al. 2002). Die Entwicklungspsychologie hat sich dem Entwicklungsvorgang des Alterns in besonderer Weise zugewandt, welche in einem weiteren Punkt dieses Kapitels ausführlicher betrachtet werden soll.

Während der Begriff ‚Altern' sich eher auf einen Veränderungsprozess bezieht, kennzeichnet den Begriff ‚Alter' viel mehr eine Spanne im individuellen Lebenslauf (Faltmaier et al. 2002). Gemeinhin gibt es jedoch nicht *das* Alter, sondern es wird zwischen biologischem, chronologischem, sozialem und psychischem Alter unterschieden (van Dyk 2015). Spricht man vom biologischen Alter, wird damit meist ein Entwicklungsstadium des Organismus bezeichnet. Vom biologischen Alter zu unterscheiden ist die chronologische Altersdenkweise, welche sich unabhängig vom Zustand des Organismus und der psychologischen wie physischen Kapazitäten auf das kalendarische Alter bezieht. Besonders deutlich wird diese Abgrenzung beim Vergleich mehrerer kalendarisch gleichaltriger Menschen, die dennoch biologisch unterschiedlich ‚alt' sein können. Trotz dieses Wissens ist das kalendarisch Alter nach wie vor der geläufigste Marker zur Bestimmung dessen, was – oder vielmehr wer – als ‚alt' gilt. Nur in wenigen Ausnahmefällen, wie beispielsweise der Zurückstellung bei der Einschulung oder der Erwerbsminderungsrente, wird nach psychologischen, sozialen und psychischen Kapazitäten des Alters gefragt. Neben dem biologischen und chronologischen Alter werden noch das soziale und psychische Alter unterschieden, wobei diese eng miteinander verbunden sind. Will man das psychologische Alter betrachten wird klar, dass dieses sich auf das personale System, das subjektive Alterserleben bezieht, welches aber gleichzeitig sozial geprägt und tangiert wird (van Dyk 2015) . Zahlreiche Gerontolog*innen und Alterssoziolog*innen betonen, dass eine Definition von ‚Alter' größtenteils gesellschaftlich bedingt ist. Die Soziologen Göckenjan und Kondratowitz schreiben dazu:

> „Man wird alt, wenn es einen die anderen wissen lassen. Altern ist hier nichts Selbstverständliches, das Entscheidende des Alterns ist nicht die biologische Seite. Alterszuschreibungen sind abhängig vom Zustand sozialer Verhältnisse und Institutionen, die gesellschaftlichen Gruppen und Individuen Bedeutung zuweisen. An den Kindern merkt man sein Alter, sagt man zum Beispiel, oder alt sein heißt, nicht mehr gebraucht zu werden, überflüssig zu sein. Altsein ist eine soziale Distinktion, die je nach den Umständen privilegiert oder stigmatisiert wird. Altsein nimmt seine Determination nicht aus eigenen Qualitäten, sondern diese muss zugewiesen werden." (Göckenjan 1988, S. 8)

Auch beteiligt an der individuellen Selbstwahrnehmung des eigenen Alters ist eine weitere Dimension: das sichtbare Alter. Der Körper wird zum sichtbaren Aushängeschild des Selbst für Andere und bestimmt auch die eigene (Selbst-)Wahrnehmung maßgeblich mit (van Dyk 2015). Durch diese verschiedenen Dimensionen des Alters, die so in der Fachliteratur unterschieden werden wird klar, dass ‚Alter' vielschichtig ist und einen Begriff darstellt, an welchem unterschiedliche Disziplinen partizipieren. In weiten Kreisen der Gerontologie einigte man sich auf eine grobe Subdifferenzierung von Altersphasen, wobei das ‚dritte' (60-80 Jahre) und das ‚vierte' Lebensalter (ab 80 Jahren) voneinander unterschieden werden. Eine solche grobe Untergliederung dient der Theoriebildung und ermöglicht die Abgrenzung dieser Lebensphasen von der des mittleren Erwachsenenalters (Wahl und Heyl 2015). Nicht klar ist jedoch, wann die oben erwähnte Spanne des Alters im Lebenslauf genau beginnt. Eine eindeutige Beantwortung dieser Frage scheint trotz intensiver Beschäftigung der verschiedenen wissenschaftlichen Disziplinen mit dem Alter nicht ohne weiteres möglich zu sein. Dennoch kann und wird über diverse Abgrenzungskriterien diskutiert, welche sich sowohl aus biologischen als auch aus sozial- und verhaltenswissenschaftlichen Perspektiven ergeben können (Faltmaier et al. 2002). Diese Entwicklungen und Veränderungen sind jedoch durchaus individuell. Auch anhand von biografischen Wendepunkten in einem Lebenslauf könnte man den Versuch wagen, Altersabgrenzungskriterien zu einem mittleren Erwachsenenalter festzumachen, beispielsweise am Eintritt in den Ruhestand. Dieser markiert auch aus gesellschaftlicher Sicht oftmals den Übergang in die Lebensphase des Alters (ebd.). Formale Altersgrenzen wie diese sind meist durch juristische Bestimmungen verankert, aber trotzdem nicht unumstößlich, was aktuelle Debatten um die Absenkung oder Anhebung des Rentenalters zeigen. Neben solchen formalen Altersgrenzen gibt es auch informellen ‚Normalvorstellungen', die sozial geprägt sind und einem scheinbaren Konsens darüber unterliegen, welche Ablaufgestalt für welche Altersphase typisch ist: „So kommt uns ungewöhnlich vor, wenn eine Person mit 70 Jahren zum ersten Mal heiratet oder bereits mit 35 Jahren aus dem Beruf ausscheidet." (Wahl und Heyl 2015, S. 15) Doch auch hier bestätigen Ausnahmen die bekannte Regel.

Deutlich zeichnet sich durch die Beleuchtung der Begriffe ‚Altern' und ‚Alter' ab, dass es kaum eine klare Definition ihrer gibt, die alle Aspekte einschließt und dabei nicht stereotypisiert und Individualitäten ausschließt. Darüber, dass Alter(n) vielfältig, heterogen und sowohl von inneren als auch äußeren Faktoren bedingt und beeinflusst ist, sind sich Vertreter*innen von Sozial- und Verhaltenswissenschaften aber auch von Biologie und Medizin einig. Hinsichtlich der Problematik der Bezeichnung von älteren Menschen, wie sie im ersten Teil dieses Gliederungspunktes anklang, formuliert der Gerontologe Hans-Werner Wahl: „Wir selbst glauben, dass die Gerontologie derzeit mit Begriffen wie ältere Menschen (für die eher jungen Alten von etwa 60 bis 80 Jahren) und sehr alte Menschen (ab 85 Jahren) [...] die vielleicht neutralste Bezeichnung für ihren Forschungsgegenstand besitzt." (Wahl und Heyl 2015, S. 99) Auch in der vorliegenden Arbeit soll diese neutrale Bezeichnung für ältere Menschen Verwendung finden. Wie aber schon im Titel erkennbar ist, wird synonym zu ihr auch der Begriff der ‚Senior*innen' verwendet. Dieser Begriff wurde bewusst gewählt, da er im Zusammenhang mit pastoraler Arbeit gängig ist und sich die ‚Seniorenpastoral' zugleich von der Bezeichnung ‚Altenpastoral' abhebt. Wie genau diese beiden Begriffe verstanden werden, soll an dieser Stelle nicht vorweggenommen werden, da dies im Gliederungspunkt 3.4.1 tiefergehend thematisiert wird.

2.2 Zahlen und Fakten - Altersstruktur in Deutschland

Betrachtet man die veröffentlichten Statistiken des Bundesamtes für Statistik zur Bevölkerung der Bundesrepublik Deutschland aus dem Jahr 2019 wird klar: Der demografische Wandel hat sich in Deutschland längst vollzogen. Die sinkende Zahl der Menschen im jüngeren Alter und die gleichzeitig steigende Zahl älterer Menschen verschieben den demografischen Rahmen in bisher nicht gekannter Art und Weise. Jede zweite

Person in Deutschland ist heute älter als 45 und jede fünfte Person älter als 66 Jahre. Besonders die Vergleiche des Altersaufbaus der Bevölkerung in Deutschland zwischen den Jahren 1990 und 2019 zeigen das Voranschreiten des demografischen Wandels anschaulich. Die stark besetzten Jahrgänge von 1955 bis 1970, die sogenannte ‚Babyboom-Generation', bildeten im Jahr 1990 als 20- bis 35-Jährige die größte Altersgruppe. Heute sind sie in das höhere Erwerbsalter gekommen und werden in den nächsten zwei Jahrzehnten aus diesem ausscheiden. Die wachsende Zahl älterer Menschen in Deutschland ist ein wichtiger Faktor im demografischen Wandel, was unter anderem der Sachverständigenrat zur Begutachtung der gesamtwirtschaftlichen Entwicklung fest stellte.

> „Ergebnisse der Bevölkerungsfortschreibung zeigen, dass die Zahl der 65-Jährigen und Älteren seit 1991 von 12 Millionen auf 18 Millionen im Jahr 2019 deutlich, und zwar um fast 50 Prozent, gestiegen ist. Da jüngere Geburtsjahrgänge zugleich sinkende Personenzahlen aufweisen, stellen die über 65-Jährigen im Zeitverlauf auch einen immer größeren Anteil der Gesamtbevölkerung dar. Er stieg von 15 % im Jahr 1991 auf 22 % im Jahr 2019" (Statistisches Bundesamt 2019).

Die 14. Koordinierte Bevölkerungsvorausberechnung wirft einen Blick auf die Zukunft und zeigt deutlich, wie sich die Bevölkerung unter bestimmten Annahmen zur Geburtenhäufigkeit, Lebenserwartung und zu den Wanderungen bis zum Jahr 2060 entwickeln wird. In den nächsten 20 Jahren wird die oben beschriebene Zahl der über 65-Jährigen um weitere 5 bis 6 Millionen, also auf mindestens 22,7 Millionen, wachsen. Die prognostizierte Zunahme dieser Altersgruppe ist im Wesentlichen durch den aktuellen und oben beschriebenen Altersaufbau vorherbestimmt. Der Einfluss der Geburten und Wanderungen spielt hierfür nur eine sehr geringe Rolle, wobei die Entwicklung der Lebenserwartung sich dagegen stärker auswirkt, jedoch vor allem bei den höheren Altersklassen und erst gegen

Ende des Vorausberechnungszeitraums (Statistisches Bundesamt 2019).

2.3 Soziologische Betrachtungen von Alter

Die obigen Ausführungen verweisen auf eindrückliche Zahlen, welche unter dem Titel des demografischen Wandels stehen und oft negativ, oder zumindest mit besorgtem Blick auf Ressourcen, seitens der Politik und Gesellschaft beäugt werden. Doch nicht nur die bloßen altersbezogenen Veränderungen der Bevölkerungsstruktur sind Teil der veränderten Demografie. Sie umfasst auch die zunehmende Pluralität und Diversität von Lebensläufen und Werten in der Gesellschaft, und damit auch in Bezug auf das Alter(n). Möchte man den demografischen Wandel beschreiben und daraus Handlungsweisen für den Umgang mit Alter in der Gesellschaft ableiten, ist es wichtig, diese Aspekte in Betracht zu ziehen (Woopen et al. 2020). Eine soziologische Betrachtung von Alter und Altern, um welche es in diesem Kapitel geht, „fragt nach Strukturen und Mechanismen der Vergesellschaftung älterer Menschen und des biografischen Alternsprozesses“ (Lessenich 2015, S. 157), wobei Alter(n) demnach nicht bloß eine individuelle Erfahrung ist, sondern auch Element von gesellschaftlichen Konstellationen. Wann sich Altersübergänge vollziehen, welche Muster von Lebensentwürfen bestehen, in welchen Lebenslagen sich ältere Menschen befinden und welche Bilder von Alter(n) existieren, sind typische Gegenstände der Alternssoziologie, da sie strukturell bedingt sind und damit eine überindividuelle Dimension innehaben. (ebd.). Ganz grundsätzlich stellt sich die Frage nach dem gesellschaftlichen Umgang beziehungsweise dem angemessenen und würdevollen Betrachten von Alter nicht erst seit der Moderne. Aus der Zeit von Cicero liegt beispielsweise mit der Schrift „Cato maior de senectute“ eine Altersstudie vor, welche die frühe Auseinandersetzung mit sich verändernden

Altersstrukturen verdeutlicht (Höffe 2009). Trotz dieser traditionsreichen Beschäftigungen begegnete man der Analyse des Alterns zumeist nur „ganz am Rande der allgemeinen Soziologie“ (Kohli 1992, S. 232). Zwar wandten sich bekannte Soziologen wie Ferdinand Tönnies, Karl Mannheim aber auch Max Weber der Alternsthematik eingehender zu, doch konnten lange Zeit nicht über die wenig systematische Erschließung des Alter(n)s im Konzept der Soziologie hinwegtrösten (van Dyk 2015). Ende der 1940er Jahre prägte der US-amerikanische Soziologe Talcott Parsons mit seinen Ansätzen das Bild des soziologischen Interesses an Alter und beeinflusste mit seinem strukturfunktionalistischen Paradigma die bekannte „Disengagement-Theorie“ von Elaine Cumming und William Earl Henry (Cumming und Henry 1961), welche Altern als gesellschaftlich unvermeidlichen und individuell gewollten Rückzug aus Rollen und Funktionen beschreibt (Lessenich 2015). Diese Theorie beruht auf dem sogenannte Defizitmodell, welches eine pathologische Deutung des Alterns als ein fortschreitendes Abbauen von Fähigkeiten und Kompetenzen darstellt. Zusätzlich attestierte der Disengagement-Ansatz älteren Menschen eine Funktionslosigkeit in der modernen Erwerbsgesellschaft, aber auch in anderen gesellschaftlichen Teilsystemen, wodurch neben dem Defizitmodell noch ein Differenz- und Diskontinuitätsmodell des Alters angesetzt wurde (ebd.). Ein Altersstereotyp bildete sich, der den alternden Menschen nicht nur als rollenlos und betreuungsbedürftig erscheinen ließ, sondern auch als *anders* darstellte. Als Gegenposition dazu vertritt die Aktivitätstheorie des Alterns, die beispielsweise auf Rudolf Tartler (Tartler 1961) zurückgeht, die Auffassung, dass der psycho-physische Abbau älterer Menschen nicht etwa Ursache ihres sozialen Rückzugs ist, sondern umgekehrt eine Folge aus institutioneller Ausgliederung und „verordneter Passivität“ (Lessenich 2015, S. 158) ist. Ältere Menschen unterliegen demnach einer Bewertung von außen und werden teilweise durch soziale Zuschreibungen alt gemacht (Woopen et al. 2020), wie auch das Zitat von Göckenjan und Kondratowitz im Punkt 2.1 dieses Kapitels bereits thematisierte. Zufriedenheit entstehe dann, wenn man in der Lage sei, die durch institutionelle Ausgliederungen, wie das Ausscheiden aus der Erwerbstätigkeit, verursachten Verluste mit Aktivität und sozialen Kontakten zu kompensieren. Der Mensch sei somit auch im Alter zur Selbstgestaltung des Lebens aufgefordert (Woopen et al. 2020). Die immer noch sehr populäre Aktivitätstheorie zeichnet zwar ein deutlich positiveres Bild des Alter(n)s, birgt jedoch auch die Gefahr, nur auf privilegierte Minderheiten zuzutreffen, die in der Lage sind, aktiv zu leben. Auch fördert sie eine stärker werdenden Bewegung hin zur Prämierung der junggeblieben Alten, woraus eine Generationsnivellierung zum mittleren Erwachsenenalter entsteht (van Dyk 2015). Trotz der Kritikpunkte bot die Aktivitätstheorie den Nährboden für weitere alterssoziologische Konzepte und Theorien in der deutschsprachigen Soziologie. Interessante Ansätze wie der Lebenslagenansatz nach Backes und Clemens (2000), die Diskussionen um das sogenannte ‚produktive Altern', aber auch dem Mainstream entgegenlaufende Theorien, welche einer subjektorientierten Soziologie des Alters zugeordnet werden können, beruhen auf dem aktivitätstheoretischen Paradigma (Lessenich 2015). So wurde in den 1990er Jahren, beispielsweise durch Martin Kohli, Alter stärker lebenslaufbezogen analysiert, was der zunehmenden Individualisierung und Entstandardisierung von Biografien entsprach. Besonders vielversprechend sind jene Ansätze der Alternssoziologie, die den alternden Menschen mit seinen sich gegenseitig beeinflussenden und auseinander erwachsenden Selbst- und Fremdbildern in den Blick nehmen, individuelle und Veränderungen in und bedingt durch Sozietät thematisieren und die Heterogenität des Alter(n)s akzeptieren. So können Diskriminierung und Negationen von Menschen mit abweichenden Lebensentwürfen verringert werden. Auch wenn das vertiefte Eingehen auf die unterschiedlichen Ansätze den Rahmen des Kapitels sprengen würde, gilt es zu erwähnen, dass die Alternssoziologie im deutschsprachigen Raum deutlich ‚bunter' und vielseitiger geworden ist - vor allem im Sinne einer wachsenden Aufmerksamkeit und zunehmenden Sensibilisierung für die sozialstrukturelle Vielfalt von Alter(n) (Lessenich 2015).

Die oben dargestellten Konzepte und Theorien sind zunächst auch das, wonach sie klingen: theoretische Überlegungen, die versuchen sich mit den kollektiven Veränderungen der Zielgruppe zu beschäftigen. Die Gedankengebäude bleiben aber dann nicht rein theoretisch, wenn sie Alter(n)sbilder beschreiben, analysieren, auf Diskrepanzen hinweisen und *dadurch* ein öffentlicher Diskurs und die Auseinandersetzung mit Alter(n) in den Institutionen und Organisationen, aber auch durch einzelne Personen, befördert wird.

2.4 Entwicklungspsychologische Betrachtungen von Alter

Ähnlich wie die soziologischen Betrachtungen zum Alter beruhte das aufkommende entwicklungspsychologische Interesse am Gegenstand ‚Alter' auf den demografischen Entwicklungen in der Gesellschaft. Zum einen sind es die biologischen Veränderungen, die sich auf Altersverläufe auswirken, aber auch die Veränderungen in der Gesellschaft in Bezug auf Biografien und Lebensläufe, was die Entwicklungspsychologie anregte, sich neben der Psychologie des Kindes- und Jugendalters auch mit jener des Erwachsenenalters zu beschäftigen. Historische Beschäftigungen wie die des Soziologen Martin Kohli zeigen eine Institutionalisierung von Lebensläufen, die durch die stetig neuen Anforderungen und Veränderungen in Gesellschaft und privatem Umfeld hervorgeht und Verläufe des Erwachsenenalters beeinflusst (Kohli 1992). Die einst geltende

Annahme, der Mensch sei im Erwachsenenalter ‚fertig', kann nicht mehr bestätigt werden, wenn sie überhaupt jemals gültig war. Die stetigen Veränderungen der Gesellschaft, wie beispielsweise die Entwicklung der Mobilität und Digitalisierung, die zunehmende Individualisierung und Pluralisierung oder den Wandel der sozialen Normen, Traditionen und Familienstrukturen, wirken sich auf das Individuum aus, welches sich dadurch entwickelt. Wichtig ist dabei zu erwähnen, dass diese Wandlungen sowohl positive als auch negative Seiten haben. Einerseits entstehen durch soziale Freisetzungen, Herauslösen aus traditionellen Einbindungen und Individualisierung neue Handlungs- und Gestaltungsspielräume und somit neue Entwicklungschancen. Andererseits können sich durch den Wegfall ehemals stützender Koordinaten auch Unsicherheiten ergeben, die dann zu Überforderungen und Krisen führen. Besonders in Bezug auf das Alter scheinen normative Vorstellungen von einem möglichst langen, jugendlichen Leben und der stetigen Entwicklung Erwartungen zu erzeugen, die nicht jeder Mensch erfüllen kann. Aus dieser Problematik ergibt sich der Auftrag der Entwicklungspsychologie, durch Forschung und Klärung Unterstützungsmöglichkeiten zur Bewältigung dieser Differenzen zu erarbeiten (Faltmaier et al. 2002).

Bevor sich in diesem Kapitel noch tiefergehend den Erkenntnissen der Entwicklungspsychologie im höheren Erwachsenalter zugewandt wird, erscheint es wichtig zu klären, was mit dem Begriff der „Entwicklung" überhaupt gemeint ist. Häufig wurde zur näheren Bestimmung dessen, was menschliche Entwicklung ist, auf biologische Ansätze zurückgegriffen und Entwicklung als Reifungs- und Wachstumsprozess verstanden. Das dominierende Verständnis von Entwicklung als Reifeprozess wurde besonders unter dem Aspekt der Veränderung von körperlichen und kognitiven Fähigkeiten betrachtet, wobei diese Fähigkeiten nicht nur aus sich heraus entstehen, sondern auch von der Umwelt und dem Individuum selbst beeinflusst sind. Wie unzureichend ein Entwicklungsbegriff, der sich als Reife versteht, ist, zeigen die speziellen Betrachtungen des Erwachsenenalters. Von einem Endzustand der Entwicklung, wie er im Sinne des Reifeverständnisses existieren würde, ist nicht auszugehen, und auch ein Entwickeln in immer höhere Strukturen ist kaum zu beobachten. Somit ist der Reife- und Wachstumsbegriff für Entwicklung zu eng gefasst (Faltmaier et al. 2002). Der Psychologe Hans Thomae (1959) beschrieb Entwicklung als „Reihe von miteinander zusammenhängenden Veränderungen, die bestimmten Orten des zeitlichen Kontinuums, eines individuellen Lebenslaufs zuzuordnen sind“ (Thomae 1959, S. 10), und liefert somit eine Definition, die einen großen Konsens zulässt. Dennoch kann man dabei fragen, ob jede altersbezogene Veränderung zugleich eine Entwicklung ist und auch, welche Kriterien eine Veränderung erfüllen muss, um als Entwicklung betitelt zu werden. Wenn wir im Alltag über Entwicklung sprechen, gehen wir meist von besonderen und oft auch von positiven Veränderungen aus, die häufig an Lebensalter gekoppelt sind, gewisse Folgen mit sich bringen und stark an ein Individuum gebunden sind. Deutlich wird dabei sofort, dass eine solche Begriffsdefinition bestimmte Wertungen einschießt. Wer entscheidet, was positive Veränderungen sind? Toni Faltmeier (2002) betont in seinem Grundlagenbuch zur Entwicklungspsychologie, dass eine wertfreie Definition kaum, und wenn dann nur auf Kosten von „inhaltlicher Leere“ (Faltmaier et al. 2002, S. 32), möglich sein kann. Entwicklungsprozesse müssten immer im Kontext von normativen, gesellschaftlichen und individuellen Erwartungen betrachtet werden und können somit nicht für alle Lebensalter gleich definiert werden (ebd.).

Um eine Spezifizierung von Entwicklung zu erlangen, müssen Konzepte betrachtet werden, welche versuchen Entwicklungsprozesse zu erklären. Klassischerweise ist hierbei das Konzept der Entwicklungsphasen zu nennen, welches durch Personen wie Erik Erikson oder Robert Havighurst begründet wurde. Auch wenn das Stufenmodell nach Erikson an dieser Stelle nicht in der Tiefe erläutert werden kann, soll das Grundverständnis dargestellt werden: Das Individuum entwickelt seine Persönlichkeit entsprechend einer Stufenfolge, wobei jede der acht Stufen auf die vorangehende aufbaut. Mit diesem Verständnis kann Eriksons Modell als ein organismisches beschrieben werden, da es eine festgelegte Reihenfolge von Entwicklungsschritten postuliert, welches jedes Individuum durchlaufen muss, und das dabei zusätzlich universell in allen Kulturen und Gesellschaften einsetzbar sein soll. Havighurst liegt ein ähnliches Verständnis wie das von Erikson zugrunde, wobei er die Phasen mit konkreteren Bestimmungsstücken als Erikson ausstattet und auch einräumt, dass manche Entwicklungsaufgaben durch kulturelle Bedingungen relativiert werden können. Er benennt Entwicklungsaufgaben für die jeweiligen Altersphasen - im späten Erwachsenenalter sind dies beispielsweise Anpassung an die Pensionierung, Anpassung an Nachlassen von Körperkräften, Anpassung an Tod von Lebenspartnern und das Auseinandersetzen mit der neuen Rolle, die sich die Person selbst aneignet, die ihm jedoch auch von außen auferlegt wird (Faltmaier et al. 2002). Dennoch ist auch Havighursts Modell sehr stufentheoretisch zu verstehen und impliziert damit, dass Entwicklungsverläufe linear und inhärent verlaufen. Kritiker*innen bemängeln, dass die stufentheoretischen Ansätze die Entwicklungsprozesse, auch im späten Erwachsenenalter, in ihrer sehr pluralen und multidirektionaler Weise zu wenig beleuchten (Wittrahm und Leicht 2003). Die moderne Entwicklungspsychologie wandte sich zunehmend vom Verständnis der Entwicklungsstufen ab, nicht zuletzt, weil sich die strikte Sequentialität empirisch nicht bestätigen ließ. Immer populärer wird ein Entwicklungsbegriff, welcher individuelle Unterschiede und differentielle Veränderungen ins Zentrum der Betrachtungen rückt – **das Modell der Lebenspannen oder auch „life-span development approach"** (Wittrahm und Leicht 2003, S. 28) genannt. Hinter diesem Ansatz steht ein Verständnis von Entwicklung, welches Altern nicht als Aufbau in der ersten Lebenshälfte und als Abbau in der zweiten Lebenshälfte versteht, sondern Wachstum und Verlust zugleich in allen Lebensphasen erkennt. Paul Baltes gilt als einer der Begründer dieses Modelles. Er formuliert vier Grundannahmen, in welche sich eine Entwicklungspsychologie der Lebensspannen zusammenfassen lässt (Baltes 1990) :

1.) Entwicklung wird als lebenslanger Prozess verstanden, welcher nicht auf eine bestimmte Lebensphase zu begrenzen ist.
2.) Entwicklung lässt sich nicht als universeller Prozess darstellen. Entwicklung verläuft tendenziell multidirektional, was bedeutet, dass sie verschiedene Richtungen einschlagen kann. Die Entwicklungsverläufe sind hoch individuell und pluralistisch zu denken.
3.) Die Entwicklungsprozesse des Menschen finden in unterschiedlichen und mehreren Dimensionen statt. Mit einer ganzheitlichen Sicht blickt die Entwicklungspsychologie der Lebenspannen sowohl auf körperliche, soziale, persönliche oder emotionale Entwicklungen und untersucht die Beziehung zwischen diesen.
4.) Das chronologische Alter wird als unabhängige Variable zur Erklärung von Entwicklungsprozessen verstanden. Es werden in diesem Ansatz biologische, soziale und psychologische Faktoren herangezogen, um Veränderungen adäquat zu erklären.

Betrachtet man unter diesem Aspekt des Lebensspannenmodells, und insbesondere die Entwicklungen im höheren Erwachsenenalter, wird deutlich, dass weniger die Erklärung von Gesetzmäßigkeiten mit universellem Charakter im Mittelpunkt der Entwicklungspsychologie des Alters stehen, sondern vielmehr Altern als Prozess betont wird, welcher „multidimensional und multidirektional verläuft und multifaktoriell bedingt ist" (Faltmaier et al. 2002, S. 167). Unter Betrachtung aller Aspekte sehen es Entwicklungspsycholog*innen als Aufgabe zu betonen, dass mit dem Eintritt in die Lebensperiode des Alters die persönliche Entwicklung einer Person nicht abbricht, sondern weiterverläuft – kontinuierlich oder diskontinuierlich. Dabei hat der ältere Mensch, im Rahmen seiner individuellen Möglichkeiten, die Chance, seinen Alternsprozess aktiv mitzugestalten (ebd.).

Interessant ist die Entwicklungsbedeutsamkeit von Lebensereignissen im Alter, wie der Einritt in den beruflichen Ruhestand ein solches darstellt. Neben finanziellen Veränderungen gehen mit dem Ausscheiden aus dem Berufsleben auch Veränderungen des sozialen Netzwerks einher. Zentral sind Veränderungen der Zeitstruktur im persönlichen Tagesablauf. Auch wenn die Pensionierung oft mit dem letzten Tag der Arbeit gleichgesetzt wird, ist es kein Prozess, der sich innerhalb eines Tages vollzieht und danach abgeschlossen ist. Antizipation, Vorbereitungen, Ankommen und Neuorientierungen bilden wichtige Sequenzen beim Übergang in die Ruhestandsphase, und auch hier spielen sich mannigfaltige Entwicklungsprozesse in der Person ab (Faltmaier et al. 2002).

2.5 Erkenntnisgewinn

Die Gliederungspunkte des Kapitels zeigen, wie umfassend Alter(n) betrachtet werden kann. Zusammenfassend lässt sich sagen, dass Altern (heute) ein dynamischer Prozess ist, der sich lebenslang vollzieht und biografisch verankert ist. Altern ist nicht nur individuell, sondern auch abhängig von der sozialen und ökologischen Umwelt und dabei verbunden mit Entwicklungspotenzialen, aber auch Grenzen. Letztlich ist Alter(n) nur in Vielfalt zu beschreiben und dies sowohl aus objektiver, als auch aus subjektiver Sichtweise. Bei allem Interesse der unterschiedlichen wissenschaftlichen Disziplinen am Forschungsgegenstand Alter wurde klar, dass die Wissenschaft bei dem Ziel einer Theoriebildung über Alter(n) immer nur scheinwerferartige Betrachtungen vornehmen kann. Einerseits kann Alter(n) vor dem Ausgangspunkt der Probleme und Krankheiten, die es mit sich bringt, andererseits aber auch als Feld neuer Chancen und Erfahrungshorizonte betrachtet werden. Damit birgt es eine Janusköpfigkeit in sich, die Wissenschaft und Gesellschaft, aber auch jedes Individuum selbst vor die Aufgabe stellt, nicht nur einen der Köpfe zu betrachten, sondern das Alter(n) in seiner Mannigfaltigkeit in den Blick zu nehmen.

Besonders im dritten Lebensalter, zu welchem die Personengruppe der 65- bis 75-Jährigen zählt, auf welche sich die Arbeit konzentriert, gehören Neuorientierungen und Anpassungen an strukturelle, aber auch gesellschaftliche Veränderungen zum Lebensalltag. Unter der Prämisse der Vielfalt bedeutet Alter(n) gerade für Menschen ab 65 Jahren sicherlich nicht ausschließlich ein Prozess des Abbaus. Die Analyse, Unterstützung und Begleitung von Neuorientierungen, Entwicklungspotentialen sowie Anpassungs- und Auseinandersetzungsaufgaben, die sich dem alternden Menschen in dieser Lebensphase stellen, sind gewiss nicht nur Gegenstand und Aufgaben der Gerontologie, der Entwicklungspsychologie und Soziologie, sondern auch der Theologie und Pastoral.

3 Theologische und pastoraltheologische Einordnungen

Im folgenden Kapitel soll das Alter(n), anschließend an obige Annäherungen, unter theologischen und pastoraltheologischen Aspekten betrachtet werden. Zunächst werden biblische Befunde und theologische Betrachtungsweisen Impulse für das Verständnis von Alter(n) liefern. Anschließend wird der Glaube im Alter einer Betrachtung unterzogen. Welche Glaubenserfahrungen werden im Alter gemacht und wie entwickelt und stellt sich Religiosität im Alter dar? Auch die Frage nach der Weisheit, die oft kohärent mit Alter betrachtet wird, soll gestellt werden. Aus diesen Eckpfeilern ergeben sich pastoraltheologische Konsequenzen, welche in einem weiteren Punkt ins Auge gefasst werden.

3.1 Biblische Aspekte des Alters

Bei dem Vorhaben, sich der theologischen und pastoraltheologischen Einordnung der Altersthematik und einer Seniorenpastoral der Zukunft zuzuwenden, scheint es unerlässlich, eine biblische Reflexion über das Alter anzustreben, da die Bibel Urquelle theologischen und pastoralen Handelns ist und bis in die heutige Zeit wichtige Impulse geben kann. Fündig wird man dabei besonders in den Büchern des Alten Testaments, in welchen sich eine zweifache Sicht auf das Alter herausstellen lässt. Alter wird hier als idealistisch beschrieben (Baumgartner 2000). Das Erreichen eines hohen Alters kann als Geschenk (Jes 65,20; Sach 8,4) verstanden werden, Alter ist eine „prächtige Krone“ (Spr 16,31). Erfahrungen (Sir 25,6), Weisheit und Einsicht (Ijob 12,12) sowie reiches Wissen (Ijob 8,8) werden ihm zugeordnet. Im Buch Daniel erfährt die Sichtweise auf das Alter eine weitere Erhöhung, da Gott selbst als „Hochbetagter“ bezeichnet wird (Dan 7,9). Aufgrund dieser positiven Deutungen von Alter scheint es schlüssig, dass ältere Menschen eine Urform von Autorität darstellten und jüngere Menschen dazu aufgefordert waren, ihnen ehrfürchtig zu begegnen. Wurde diese Ehrfurchtspflicht verletzt, folgten harte Strafen, wie sie beispielsweise in Exodus 21, 12-17 beschrieben werden. Auch wenn diese Umgangsregeln oftmals in Bezug auf die eigenen Eltern formuliert wurden, galten sie für die gesamte ältere Generation (Lev 19,31). Im Dekalog wird das Verhältnis von älteren und jüngeren Menschen sogar im Elterngebot fixiert (Ex 20,12), wobei hier nicht von einer automatischen Überlegenheit der älteren gegenüber der jüngeren Generation auszugehen ist, sondern lediglich die elterliche Grundversorgung sichergestellt werden soll (Lehmann 2017). Das Einhergehen von Alter mit Weisheit ist ein vielfach zu entdeckendes Bild in den Büchern des Alten Testamentes. Die Weisheit erlangt der alternde Mensch durch seinen Reichtum an Erfahrung, wobei Alter nicht per se mit Weisheit gleichgesetzt wird (Lehmann 2017). So differenziert das Alte Testament durchaus und räumt ein, dass Starrköpfigkeit, Verbohrtheit und auch Unklugheit ebenfalls zum Alter gehören können und Alter keine Weisheitsgarantie innehat (Ijob 12,12). Nicht das chronologische Alter, sondern der Geist Gottes mache weise (Ijob 32 ,7-9), nicht die Jahrzehnte bestimmten das wahre Alter, sondern es liege im untadeligen und umsichtigen Leben (Weish 4, 8-9). Hier schließt sich eine weitere, eine andere Sicht auf Alter an, bei der die bedrückenden, gebrechlichen und verlustreichen Seiten in den Blick geraten (Baumgartner 2000). Neben den Lobpreisungen auf das Alter finden auch nüchterne Betrachtungen auf das Schwinden der Kräfte in den Büchern des Alten Testamentes ihren Platz und bieten somit eine realistische Sichtweise. Die oben erwähnte Autorität, welche mit der Darbringung von Ehrfurcht und Respekt einhergeht, scheint kein Automatismus zu sein. Als Indiz dafür stehen die stets wiederkehrenden Aufforderungen (Lehmann 2017). Genesis 27,1 spricht von schwächer werdenden Augen, 1 Könige 1-4 von ständigem Frieren, und auch die

Angst vor dem Verlassen Gottes mit dem Schwinden der Kräfte ist Teil der Klagelieder (Ps 71, 9). Dennoch wird im Zusammenhang mit Alter auch von Reichtum gesprochen, wobei sich dieser keineswegs auf materielle Güter bezieht. Reich wird ein Mensch erst dann, wenn er auch in höherem Alter noch die Bedürftigkeit seiner selbst vor Gott erkennen kann und in der Lage dazu ist, das lange Leben den Händen Gottes anzuvertrauen (Lehmann 2017). Dabei ist die aufkommende Gebrechlichkeit keineswegs im Wege – im Gegenteil: Wer die Gebrechen erkennt und annehmen kann, verdient die höchste Anerkennung (2 Sam 19, 32-41) und stellt das Gegenteil von Scheitern dar. Graue Haare gelten als Symbol für Alter und vergängliche Schönheit. Sie werden positiv gedeutet, denn häufig wird ein Rückgang der Schönheit mit dem Wachstum der inneren Reife assoziiert (Spr 16,31; 20,29).

Im Neuen Testament ist das Alter ein nur wenig zur Sprache kommendes Thema. Angesichts der Gleichstellung aller Menschen, scheinen auch Altersunterschiede in Bezug auf die Heilsbedeutung an Gewicht zu verlieren (Lehmann 2017). Auch die Parusie könnte ein Grund für die weniger präsente Auseinandersetzung mit dem Alter sein. Dennoch erwähnt das Neue Testament einige ältere Menschen, wie beispielsweise Hanna und Simeon (Lk 2,25) oder Zacharias und Elisabeth (Lk 1,5), welche durch ihre jeweiligen Geschichten Teil der göttlichen Verheißung sind und ein Band zwischen dem alttestamentlichen Volk spannen. Das physische Alter wirkt im Neuen Testament wie ein Symbol für ein geduldiges Ausharren auf das Kommen Gottes (Lehmann 2017). In den Büchern des Neuen Testamentes noch immer präsent sind die Hochachtung vor dem Alter und die daraus resultierenden Aufgaben, welche der jüngeren Generation zukommen, um die älteren Menschen der Gesellschaft zu integrieren und zu unterstützen (1 Tim 5, 1-8). Somit steht die Altersthematik im

Neuen Testament in der Tradition der alttestamentlichen Familienordnung (Baumgartner 2000).

Abschließend lässt sich für die biblischen Betrachtungen festhalten, dass das Alter auch hier mit seiner Janusköpfigkeit beschrieben wird, jedoch der Blick in die Zukunft für die biblischen Figuren mehr Gewicht hat als das Festhalten an frühere Zeiten (Lehmann 2017). Immer auch bleibt der Mensch Geschöpf Gottes – selbst dann, wenn er nicht mehr dieselbe Leistung wie in früheren Jahren erbringen kann. Geschöpflichkeit, so lehrt die Bibel, wird im Alter also besonders erfahren, sowohl mit den positiven Seiten wie Reichtum, Erfüllung und Vollendung, aber auch mit den Erfahrungen von Endlichkeit, Hilfsbedürftigkeit und Angewiesenheit (Baumgartner 2000).

3.2 Theologische Impulse für das Alter(n)

Dass die Wahrnehmung des eigenen Alterns durchaus gesellschaftlich tangiert wird, wurde in den vorherigen Kapiteln bereits deutlich. Während zahlreiche Lifestyle-Ratgeber und Artikel in Magazinen vom würdevollen, fröhlichen, selbstbestimmten, vitalen und erfolgreichen Altern sprechen, bietet auch die Theologie Impulse für das Alter(n). Speziell ist dabei jedoch, dass es der Theologie weniger darum geht, den scheinbar existierenden Pflichtenkatalog für die späteren Lebensphasen zu erweitern, sondern den Menschen in seiner Beziehung mit Gott, in seiner Ganzheit und dennoch auch mit seinen Grenzen und dem Bruchstückhaften zu betrachten. Die Theologie fragt dabei besonders auch nach Hoffnung und Angst im Jetzt und vor der Zukunft. Zahlreich sind die Impulse, welche eine Theologie des Alterns zu bieten hat. Im folgenden Kapitel werden zwei dieser vielen aufgegriffen und auf sie ein besonderes Augenmerkt gelegt. *Mut zur Gewissheit der Anerkennung Gottes* und *Mut zum Fragment* wurden als Impulse gewählt, da sie in die Lebenssituation vieler alternder Menschen passen können, dennoch aber nicht ein zu starres Altersbild formen und Diversität zulassen.

Die biblischen Verweise zeigen deutlich, dass sich Altern immer zwischen Bereicherung und Verlust, Erfüllung und Sehnsucht, sowie Dankbarkeit und Verbitterung bewegen kann. Dennoch stellen sie Menschen in den Mittelpunkt, die nach vorne blicken und ihre Situation, ihr Leben annehmen. Dieses Annehmen beschreibt der Theologe Karl Rahner, welcher sich intensiv mit der Lebensphase des Alterns auseinandersetzte und eine „theologische Gerontologie“ (Rahner 1983, S. 315) als eine zentrale Aufgabe des Alterns befürwortete. Immer wieder, so Rahner, ist besonders der älter werdende Mensch vor die Spannung gestellt, das Leben mit seinen Freiheiten, aber auch mit der Wirkungsweise der Natur und Geschichte in Einklang zu bringen (ebd.). Daraus ergibt sich

> „für uns alte Leute eine simple und doch seltsame Konsequenz, mit der fertig zu werden auch noch einmal zur Last und Aufgabe unseres Alters gehört [...]. Wir haben uns auch als die biologisch Alternden anzunehmen, mit all dem, was damit schon an Abnahme unserer Vitalität, auch unserer geistigen Kräfte unerbittlich gegeben ist, ohne sinnlosen Protest gegen Gott und die von ihm gewollte Natur.“ (Rahner 1983, S. 317)

Seltsam ist die Konsequenz für Rahner deshalb, weil die Menschen sowohl Rechte als auch Pflichten haben, das je eigene Leben mitzubestimmen, aber diese Pflichten in der Spannung zur ebenfalls grundsätzlichen Aufgabe der Annahme stehen.

Spricht man von altersbedingten Verlusten oder nachlassenden Kräften, geraten allzu schnell hochbetagte Menschen in das Blickfeld. Doch auch im sogenannten dritten Lebensalter erlebt der Mensch Veränderungen, welche biologischer oder gesellschaftlicher Natur sind. Besonders der

Eintritt in den Ruhestand kann einen einschneidenden Übergang markieren und weitreichende Veränderungen mit sich bringen. Dem von Rahner beschriebenen Annehmen geht etwas zuvor, das als Krise beschrieben werden kann. Romano Guardini, welcher sich als Philosoph verstand, aber unübersehbar theologische Impulse in seine Arbeit einbrachte und sich intensiv mit den einzelnen Lebensphasen und den jeweiligen Charakteristika auseinandersetzte, kennzeichnet jede Lebensphase durch eine Krisenerfahrung. Die Krise des Alterns beschreibt er als ein Spüren von Vergänglichkeit und Endlichkeit, dem Bewusstwerden der eigenen Schwächen. Wie eine solche Krise überstanden wird, hängt laut Guardini damit zusammen, inwieweit der Einzelne die Veränderungen annehmen und anerkennen kann, womit eine Brücke zu Rahners Überlegungen geschlagen werden kann (Guardini 2008). Gelingt dem Menschen das Annehmen des Alterns, „entsteht das Lebensbild des [...] weisen Menschen.“ (Guardini 2008, S. 56)

Durch die konkret wirkende Aufgabe der Annahme und Anerkennung des Alterns könnte bei Menschen, welche sich (noch) nicht in dieser Lebensphase befinden das Gefühl aufkommen, dies sei eine eher unproblematisch zu bewältigende Aufgabe, wirkt sie und die einhergehenden, positiven Konsequenzen doch klar, einleuchtend und für viele sicherlich auch erstrebenswert. Doch auch in jüngeren Jahren ist die Aufgabe des Annehmens und Anerkennens von (persönlichen) Veränderungen keineswegs eine einfache.

Der Mensch benötigt, so der Theologe Christoph Böttigheimer, um Mensch und damit auch Person sein zu können, Anerkennung und Würdigung, welche ihm Mitmenschen zukommen lassen. Jedoch ist die zwischenmenschliche Anerkennung schon allein durch die Voraussetzung der Wechselseitigkeit und durch Abhängigkeit von gesellschaftlichen

Normen und Kategorien nie ganz frei von Bedingungen und kommt so einem Bedürfnis nach uneingeschränkter Anerkennung nur defizitär nach. Hier jedoch „spricht der christliche Glaube dem Menschen ein uneingeschränktes und bedingungsloses Anerkanntsein und Bejahtsein durch Gott zu [...]" (Böttigheimer 2018, S. 85). Böttigheimer schließt in seinen Ausführungen zur bedingungslosen Anerkennung des Menschen durch Gott immer auch den Personenbegriff an. Nicht selten hört man, wie älter werdende Menschen feststellen: ‚Ich bin nichts mehr wert', oder sogar sich selbst mit zunehmenden Verlusten nur noch als ‚halb' ansehen. Den theologischen Personenbegriff zeichnet aus, dass das Personsein nie an bestimmte Eigenschaften wie das Bewusstsein, Fähigkeiten, Freiheiten oder Kompetenzen gebunden, sondern aus der definitiven Anerkennung Gottes begründet ist. Auch wenn der Mensch durch soziales Engagement, Offenheit und Respekt einen Beitrag zur Anerkennung anderer für sich selbst leisten kann, unterscheidet sich diese Weise der Anerkennung dennoch zu derer von Gott. Gott sieht den Menschen als wertvoll an, ganz ohne Beachtung der Leistungen, wodurch der Mensch eine unwiderrufliche Würde innehat (ebd.). Eine derart vorbehaltslose Anerkennung bleibt nicht ohne Wirkung: „Dieses unbedingte Anerkanntsein von Gott ermöglicht dem Menschen auf besondere Weise, sich selbst vorbehaltslos annehmen zu können, Selbstachtung und Selbstwertgefühl auszubilden und seinerseits andere anzuerkennen" (ebd., S. 87f.).

Ein weiterer Aspekt einer Theologie des Alterns stellt das Verständnis des menschlichen Lebens als Fragment dar. Ob das alles war und wie man die verbleibende Lebenszeit möglichst sinnvoll gestalten kann, sind sicherlich Fragen, welche viele Senior*innen beschäftigt. Der Theologe Franz-Josef Nocke beschreibt, dass, wenn diese Fragen und Gefühle sehr stark werden, sie eine unruhige Lebenszeit befördern, auch nach dem beruflichen Leben noch Zeitdruck auslösen und eine unkontrollierbare Beschleunigung verursachen können, durch welche vieles nicht mehr gründlich getan oder nicht mehr genossen wird (Nocke 2009). Nicht hinter jedem Willen zur Beschleunigung steckt die Ursache von Verdrängung oder Versäumnisangst – auch pure Lebenslust kann ein Auslöser sein. Dennoch scheint es schlüssig, dass sich bei manchen Menschen, angesichts eines scheinbar stetig näher rückenden Endes, eine gewisse Unruhe einzustellen vermag. Auch wenn sich biologische Altersveränderungen noch nicht eingestellt haben, können Menschen ab 65 durchaus das Ende im Blick haben. Mit einer transzendierenden Hoffnung könnte sich jedoch eine weniger angstvolle und getriebene Haltung einnehmen lassen:

> „Wenn es ewiges Leben gibt, und wenn das ewige Leben nicht Ersatz für das gegenwärtige Leben ist, sondern dessen Vollendung, dann werden die fragmentarischen Erfahrungen von Gelingen und Glück zum ‚Vorgeschmack', zum Präludium eines unendlichen Glücks. Dann braucht das jetzt Erlebte nicht ‚alles gewesen' zu sein, sondern dann kann es als ein Anfang verstanden und gerade deshalb mit Genuss verkostet werden." (Nocke 2009, S. 90–91).

Eine Hoffnung wie diese kann der Frustration über die Unwissenheit und Bruchstückhaftigkeit entgegen wirken. Sie hemmt den Lebensdurst nicht, aber kann eine krampfhaften Suche nach dem ‚Mehr' stillen. Die Hoffnung ermutigt zur Bejahung des Fragmentarischen und kann eine Leichtigkeit mit sich bringen, aus welcher sich ein ‚Sich-Einlassen' auf die Möglichkeiten des jeweiligen Lebensabschnittes ergeben kann (Nocke 2009).

Mit diesen beiden Impulsen, dem Mut zur Gewissheit der Anerkennung Gottes und dem Mut zum Fragment, liefert die Theologie zwei Anregungen, die eine Anerkennung des eigenen Alters und der einhergehenden Möglichkeiten, Chancen, Veränderungen und Verluste ermöglichen und stärkend wirken können, ohne das Altern zu romantisieren. Aus diesen theologischen Perspektiven wird der Mensch mit zunehmendem Alter weder auf seine Produktivität noch auf seine Vulnerabilität reduziert. Die Theologin Gunda Schneider-Flume fasst diese christliche Sicht in einem Satz gut zusammen: „Leben ist nicht nur Leistung, Leben-Müssen, sondern auch Leben-Dürfen, Gnade“ (Schneider-Flume 2010, S. 9). An dieser Stelle muss abschließend erwähnt werden, dass theologische und biblische Impulse immer lebensorientierend aber nie normativer Funktion sind und weder ethische Ansprüche haben noch Verallgemeinerungen begünstigen wollen. Als Auftrag der Theologie kann verstanden werden, dass sie in Fragen des Alter(n)s Orientierungshilfen anbietet und Sinndimensionen eröffnet (Auer 1996). Theologische Impulse müssen besonders dann, wenn sie in der pastoralen Arbeit aufgegriffen werden, das Leben der Individuen betrachten, um der in dieser Arbeit schon mehrfach erwähnten Vielfalt des Alter(n)s gerecht zu werden. Geschieht und gelingt das, könnten theologische Impulse gerade in den Veränderungen den besonderen Sinn des Alterns aufdecken und stärkend, nicht vertröstend, wirken.

3.3 Glaube im Alter

Mit der Pluralisierung und Dynamisierung der Lebensstile bleibt auch die Glaubensfrage im höheren Erwachsenenalter nicht frei von Wandel. Auf der Basis der freien Lebensgestaltung wird der Glaube zunehmend hinterfragt und reflektiert. Was Menschen glauben wird nicht mehr so leicht von Autoritäten oder sozialen Gruppen bestimmt, was dazu führt, dass der Glaube vor sich und anderen viel eigenständiger verantwortet werden muss. Vor dem Angesicht zahlreicher alternativer Sinnstiftungsangeboten muss sich der Glaube bewähren, was auf Basis der Lebensgeschichte des individuellen Menschen geschieht (Fürst et al. 2003). Dass sich der Glaube auch mit zunehmendem Alter noch entwickeln kann, zeigt eine Studie der Theolog*innen Barbara Leicht und Walter Fürst. In einem fünfdimensionalen Gestaltenmodell zeigen sie unter anderem auf, wie sich Entwicklungen der Religiosität zeigen und wodurch sie bedingt werden. Mit der Forschung einhergehend ist die Erkenntnis, dass „Formen, Inhalte und Ausdrucksgestalten menschlichen Glaubens Individualität und Pluralität aufweisen“ (Fürst et al. 2003, S. 32) – auch in höheren Lebensaltern. Die Glaubenslage vieler Menschen zwischen 60 und 75 Jahren ist differenzierter als lange Zeit angenommen. Die Suche nach Sinn ist ein Prozess, der den Menschen lebenslang begleitet, aber sich gerade im Übergang zum dritten Alter nochmals neu stellt und neu bearbeitet werden muss. Die Menschen wollen mit ihren biografisch geschärften Fragen an den Glauben gesehen und ernstgenommen werden (ebd.). Wie sich diese Vielfalt, welche Glaube auch im Alter mit sich bringen kann, zeigt, möchten die Überlegungen der folgenden Gliederungspunkte aufzeigen.

3.3.1 Glaubenserfahrungen des Alterns: getragen und erlitten

Die Wirkung des Glaubens auf das menschliche Leben kann ambivalent sein. Glaube kann Trost und Halt spenden, aber dennoch gibt es auch Bilder eines strafenden Gottes, welche sich negativ auf die menschliche Psyche auswirken können (Klein und Albani 2011). Die Religionspsychologie ist eine Disziplin, welche das Ziel hat, sich mit den Phänomenen von Glauben, Religiosität oder gelebter Religion auseinanderzusetzten und diese dann mit wissenschaftlichen Methoden im Bereich der Psychologie zu erforschen. Infolgedessen beschäftigten sich zahlreiche Religionspsycholog*innen mit der Frage nach den Auswirkungen von Glauben auf die Lebensweise. Auch wenn dieses Thema nicht nur spannend, sondern auch unumstritten wichtig ist, kann es im Rahmen dieser Arbeit nicht ausreichend erörtert werden. Dennoch sollen Teilaspekte zum Zusammenhang von Religion und Glaube mit der psychischen Gesundheit einfließen, um sich den Glaubenserfahrungen von *getragen* und *erlitten* zu nähern.

Siegmund Freud legte einen Grundstein für das Verständnis des Zusammenhangs von psychischer Gesundheit und Religion. Er attestierte Religion als kollektive Zwangsneurose, welche Krankheiten befördere (Freud 1994). Diese pauschale Aburteilung wurde schon bald als unhaltbar erklärt, bestärkt durch spätere empirische Befunde. Besonders in den USA in der Mitte der 1980er Jahren stieg das Interesse an diesem Forschungsgegenstand. Die Ergebnisse der zahlreichen Forschungen ergaben, zunächst sehr pauschal formuliert, dass Religion sowohl positive, als auch negative Auswirkungen auf die psychische Gesundheit haben kann (Klein und Albani 2011). Einflussfaktoren, wie beispielsweise Geschlecht, Herkunft, aber auch Alter stehen in Interaktion mit den allein aus sich heraus schon komplexen Phänomenen der Religion und der psychischen Gesundheit. Die Übertragung der Beobachtungen aus den empirischen Untersuchungen in theoretische Modelle wurde häufig gefordert. Dabei sollten diese der großen Komplexität Rechnung tragen können, Einzelbefunde integrieren und zugleich einfach genug sein, um innerhalb der vielen beteiligten Forschungsdisziplinen verstanden und adaptiert werden zu können (Klein und Albani 2011). Entgegen dem Trend, vorwiegend auf positive Effekte der Religiosität einzugehen, müssten entsprechende Modelle dazu geeignet sein, sowohl die hilfreichen als auch die für die psychische Gesundheit hinderlichen Aspekte von Religiosität abzubilden. Unter anderem haben Klein und Albani solche Erklärungsansätze zur Bedeutung von Religiosität für die psychische Gesundheit systematisiert und dabei sechs Theorien herausgearbeitet, die jeweils gesundheitsrelevanten Facetten der Religiosität akzentuieren, aber dennoch im Beziehungsgefüge mit anderen Perspektiven stehen (Klein und Albani 2011) . An dieser Stelle sollen besonders die „Theorie der positiven Gefühle/des Selbstwertes“ (ebd., S. 227f.) die „Theorie der kognitiven Orientierung/der Kohärenz“ (ebd., S. 228f.) und die „Theorie der alternativen Werte“ (ebd., S. 230f.) genannt werden.

Bereits die Vorstellung, dass es einen Gott gibt, kann Einfluss auf das Erleben und das Verhalten eines Gläubigen nehmen. Eine sichere Gottesbeziehung kann, so die „Theorie der positiven Gefühle/des Selbstwertes“, einem Menschen das Gefühl eines unbedingten Angenommenseins, Vertrauens und der fürsorglichen Liebe vermitteln. In Zusammenhang mit einem positiven Gottesbild kann sich beim Gläubigen ein positives Selbstwertgefühl bilden oder verstärken und sogar Gefühle von Angst und Depression reduziert werden. Im Falle einer unsicheren Gottesbeziehung, in welcher ein belastendes Gottesbild vorherrscht, ist diese Theorie ebenso konträr zu denken. Der „Theorie der kognitiven Orientierung/der Kohärenz“ liegt ein Verständnis der Welt zugrunde, in welcher sich verunsichernde Geschehnisse, wie beispielsweise unerwartete Krankheiten und Naturkatastrophen, ereignen. Diese Verunsicherungen sind für den Menschen oft undurchschaubar und sehr komplex. Religiöse Erklärungen können in dieser Komplexität oftmals Orientierung und Halt vermittelt, wobei auf spezifische Attributionen, wie den Willen Gottes, verwiesen werden kann. Ein solches Gefühl von Kontrolle beziehungsweise der Abgabe dieser in die Hände Gottes, kann gerade in Belastungssituationen hilfreich und entlastend wirken. Gefahren entstehen jedoch dann, wenn Vorgegebenes unüberlegt hin- oder übernommen wird, keine Alternativen zugelassen werden oder ein delegierender Stil angenommen wird, bei welchem der Mensch ausschließlich auf die Hilfe Gottes hofft (Klein und Albani 2011).

Eine Theorie, welche insbesondere durch die Erkenntnisse der Psychologie in den Anfängen der 2000er gestützt wird, ist die „Theorie der alternativen Werte". Die Psychologie erkannte, dass alternative Werte, wie die Bereitschaft zu verzeihen, Dankbarkeit und die Zurücknahme selbstbezogener Wünsche, für höhere Ausgeglichenheit, Zufriedenheit und Wohlbefinden sorgen können. Auch eine erhöhte Kompetenz zur Stressbewältigung und die Verringerung von Depressivität sind damit verbunden. Diese Werte sind auch in vielen Religionen von Bedeutung. Man kann diese auch als die das zwischenmenschliche Verhalten regelnde Werte verstehen. Auch, wenn es bei der Aneignung dieser Wertvorstellungen kaum negative Auswirkungen gibt, können Probleme der psychischen Gesundheit entstehen, wenn die religiös geprägten Werte in übersteigerter Weise idealisiert und absolut gesetzt werden. Eine zu stark ausgeprägte Internalisierung von religiösen Wertvorstellungen birgt die Gefahr eines krampfhaften Helfen-wollens (Klein und Albani 2011).

Fragt man nach der Bedeutung von Glauben im Alter können diese Erkenntnisse der Religionspsychologie wertvolle Grundlagen sein. Begleitet der Glaube einen Menschen durch sein Leben in positiver Weise oder entwickelte sich, wie Leicht und Fürst darstellten, zu einer dankbaren Beziehung zwischen Mensch und Gott, kann ein Gefühl des Getragen-Werdens bis zum Ende, auch in schweren Tagen, entstehen (Fürst et al. 2003). Auch beim Ziehen einer Lebensbilanz, die möglicherweise Brüche enthält, wo die Hilfe Gottes nicht sichtbar war, kann der Glaube an eine Bestimmung und das Vertrauen auf Gott eher tragend wirken. Es wäre falsch zu denken, dass ein christlicher Glaube gleichzeitig zur Demut führt und das Vergeben anderer, sich selbst oder Gott leichtfällt. Vergeben, annehmen und akzeptieren ist ein Prozess, der das Ausbleiben von Rückfällen nicht garantiert. Eine ganzheitliche Vergebung ist ein Geschenk Gottes (Ruthe 2017).

Durch die Theorien wurde deutlich, dass Glaube nicht nur positiv wirkt, sondern ebenso Druck, Enttäuschungen und Verletzungen hervorbringen kann. Brüche können dann im Leben möglicherweise kaum oder nicht angenommen werden, die Beziehung zu Gott wird weniger schützend wahrgenommen, ein Gefühl von Alleingelassen oder Verlassenworden-sein kann sich einstellen. Das Leben wirkt eher als etwas, das *erlitten* werden muss.

3.3.2 Individualisierung und Dynamisierung der Religiosität

Wie die entwicklungspsychologischen Betrachtungen herausgestellt haben, ist der Mensch nicht als ‚fertig' zu denken, sondern entwickelt sich auch im höheren Erwachsenenalter. Dasselbe gilt auch für die Religiosität. Wie im Punkt 3.3 kurz angezeigt, wurde im Jahr 2003 eine Studie zur religiösen Entwicklung im Erwachsenenalter veröffentlicht, welche aufschlussreiche Einblicke gibt, inwiefern sich die Glaubensgestalt eines Menschen verändert (Fürst et al. 2003). Die Teilnehmer*innen der Studie wurden dabei zu ihrer Religiosität befragt, welche durch verschiedene Dimensionen, wie Gottesbild, religiöse Praxis oder auch die Bindung an eine Religionsgemeinschaft erfasst werden sollte. Außerdem wurden die Teilnehmer*innen auch nach Zäsuren innerhalb ihrer Lebenspanne und ihrer Glaubensgestalt vor und nach diesen Brüchen befragt. Es zeigte sich, dass sich Religiosität über die gesamte Lebensspanne entwickelt, wenn auch die gravierendsten Veränderungen in der Glaubensgestalt der Befragten zu Beginn des Erwachsenenalters stattfanden. Dennoch sind

Veränderungen zu allen weiteren Zeitpunkten der Lebensspanne möglich. Dass es offensichtliche Zusammenhänge zwischen der Variabilität der religiösen Gestalt und des biografischen Verlaufs geben kann, kann als eines der Ergebnisse der Studie bezeichnet werden. Von je mehr Zäsuren die befragten Personen berichteten, desto öfter zeichnete sich ein Wandel in ihrer Religiosität ab (Kläden 2003). Daneben variieren auch historisch-kulturelle Bedingungen die Religiosität: „Deutlich wird dies z.B. durch die beschleunigte Abkehr von traditionalen Mustern der Religiosität und verstärkten Hinwendung zu pluralen Mustern in der jüngeren Kohorte“ (ebd., S. 82). Deutlich wurde in der Studie auch, dass sich die unterschiedlichen Dimensionen asynchron entwickeln können – beispielsweise kann das Gottesbild im höheren Erwachsenenalter stärker und die Beziehung persönlicher werden, aber die Beziehung zu einer religiösen Gemeinschaft zunehmend abflachen. An diesem Beispiel zeigt sich auch, dass sich Entwicklung weder als Wachstum noch als Abbau beschreiben lässt und eine religiöse Veränderung in der Lebensspanne des Individuums nie linear verläuft. Natürlich ist bei der Rezeption der Studie zu beachten, dass sich die Ergebnisse vorwiegend auf Erinnerungen der Forschungsteilnehmer*innen stützen und damit eine Einschränkung in der Gültigkeit nicht zu leugnen ist. Eine Ausrichtung auf eine möglichst offene Erzählatmosphäre sollte die Tendenz der Teilnehmer*innen verringern, die eigenen Erzählungen und Erlebnisse durch Filter der Gegenwart zu beschreiben (ebd.).

Im Hinblick auf diese Ergebnisse, die religiöse Entwicklungen im Rahmen des bereits erwähnten „life-span-developmental approach“ verstehen (also Entwicklungen als Veränderungen, die über eine bestimmte Zeit, nämlich die der Lebensspanne verlaufen), werden die Begriffe ‚Individualisierung‘ und ‚Dynamisierung‘ zu zwei Schlagworten, die das Verstehen von Religiosität im Erwachsenenalter unbedingt prägen, prägen müssen und sich sowohl auf die Gestaltung von Pastoral als auch auf das Verständnis von einer Zielgruppe der ‚jungen Alten' auswirken (Blasberg-Kuhnke 2003).

3.3.3 Weisheit im gereiften Glauben

„Mit dem Alter kommt die Weisheit", ist eine bekannte Redewendung, welche deutlich zeigt, dass Alter und Weisheit häufig in einen Zusammenhang gebracht werden. Auch in den biblischen Betrachtungen wurde deutlich, dass Weisheit gerne den älter werdenden Menschen zugeschrieben wird, Alter aber dennoch keinen Erklärungsfaktor für Weisheit darstellt. Schließlich existiert neben der oben genannten eine weitere Redewendung: „Alter schützt vor Torheit nicht."

In welchem Zusammenhang Weisheit und gereifter Glaube stehen, soll hier thematisiert werden. Als erster Schritt ist es dabei unerlässlich zu klären, was unter Weisheit genau verstanden wird. Die Frage und Klärung des Begriffs der Weisheit ist eine Thematik, an welcher verschiedene wissenschaftliche Disziplinen partizipieren. Immer wieder wird dabei versucht, Weisheit als personale und kulturelle Ressource zu verstehen, wobei auch eine überindividuelle beziehungsweise transkulturelle Bedeutung zu betonen ist (Kunz 2009). Weisheit lässt sich nicht auf bestimmte Einsichten oder Einstellungen reduzieren, die für alle gelten. Je nach kulturellem Verständnis und gelebten Traditionen verändert sich das Verständnis davon, was als Weisheit aufgefasst wird und wie sie sich zeigt (ebd.). Um es gleich vorweg zu nehmen: Für Weisheit scheint es keine universelle Definition zu geben. Dennoch wurden und werden immer wieder Theorien begründet, die versuchen, sich einer Definition anzunähern. Eine solche Theorie findet sich in der praktischen Philosophie. Die Philosophin Monika Ardelt vertritt die Auffassung, dass Weisheit eine

Persönlichkeitseigenschaft ist, welche kognitive, reflexive und affektive Komponenten innehat. Sie betont, dass eine Person, die in der Lage ist, verschiedene Perspektiven zu betrachten und sich selbst und andere kritisch zu reflektieren, Weisheit zumindest anstrebt. Die Liebe zu anderen ist ein Gefühl, welches ein weiser Mensch nach Ardelt unbedingt in sich tragen muss. Erworben werden kann Weisheit nicht aus Wissensaneignung, sondern aus Erlebtem und der Reflexion dessen (Ardelt 1997).

Aus einer theologischen Perspektive beschreibt Wolf-Eckart Failing Weisheit als „eine bestimmte Form menschlicher Erkenntnisbemühung und Anleitung zur Wahrnehmung der lebendigen und unbelebten Schöpfung mit dem Ziel, in den Realitäten des Lebens sachverständig zu werden" (Failing 1998, S. 229). Failing versteht Weisheit nicht als erhaben, weit entfernt und unerreichbar, sondern als ein Erkennen des Lebens mit allen Realitäten. Auch wenn Ardelt eine Differenzierung von Weisheit und Wissen betont, wird doch immer wieder Klugheit mit Weisheit assoziiert. Schon Aristoteles betonte, dass Klugheit eine Form des praktischen Wissens sei, das erst in Vollendung Weisheit genannt werden kann (Aristoteles 2020). Als klug kann demnach das Wissen verstanden werden, das der Mensch einsetzt, um bestimmte Lebensziele wie Gesundheit oder Reichtum zu erreichen. Weise heißt aber, den Blick auf „das große Ganze" und ein gelingendes Leben zu richten (Kunz 2009). „Gelingendes Leben" ist ein Stichwort, welches im Zusammenhang mit Weisheit immer lauter wird, aber für den Zusammenhang zwischen Alter und Weisheit auch durchaus problematisch sein kann. Zu schnell wird ein gelingendes Leben mit Unversehrtheit und Vitalität gleichgesetzt. Romano Guardini hält gegen Ansichten dieser Art mit seiner christlich geleiteten Definition von Weisheit dagegen. Für Guardini ist ein gelingendes Leben beziehungsweise ein gelingendes Altern nicht an biologische Funktionen oder kognitive Fähigkeiten gebunden. Altern kann nach Guardini dann gelingen, wie bereits im Punkt 3.2 dieser Arbeit ausgeführt, wenn es dem Menschen möglich ist, das Altern mit allen Defiziten anzunehmen. Wenn der Mensch dann fähig ist, aus dem Glauben heraus darauf zu vertrauen, dass an das irdische Leben ein Sein bei Gott folgt, kann er zu einer ruhigen Lebenshaltung kommen, welche ihm Weisheit verschafft. „Weisheit ist etwas anderes als scharfer Verstand oder praktische Lebensklugheit. Es ist das, was entsteht, wenn das Absolute und Ewige im endlich-vergänglichen Bewusstsein durchdringt, und von dort aus Licht auf das Leben fällt" (Guardini 2008, S. 58). Weisheit ist für Guardini, ähnlich dem Verständnis Aristoteles, der mutige Blick auf das gesamte vergangene Leben, das Sehen von Zusammenhängen, das Erkennen von Gewinnen und Verlusten (ebd.). Es ist also das Ziehen einer Lebensbilanz, die trotz bitterer Momente nicht in Verbitterung mündet.

Guardinis positive Haltung zum Altern und das damit einhergehenden Weisheitsverständnis können auch belastend statt befreiend wirken und einen gewissen Leistungsdruck auf jene älter werdende Menschen erzeugen, die durch viele Enttäuschungen, Brüche und zunehmende Defizite ihr Altern nur sehr schwer annehmen können. In der Bibel findet sich die Geschichte des Ijobs, der angesichts seines Leides (sein Alter ist nicht klar) Gott anfragt und anklagt. Er ist kein stummer Dulder, der seine Defizite annimmt; im Gegenteil: Er konzentriert sich auf sie (Kunz 2009). Dennoch kann Ijob nicht als unweise beschrieben werden. Leiden lässt sich nicht wegdiskutieren oder weg-beten und sich keinesfalls restlos erklären. Der Versuch, das Leiden zu erklären, würde eine Begrenzung überschreiten und die Einnahme einer allwissenden Position bedeuten, die nach christlichem Glauben bei Gott liegt (Kunz 2009). Auch im Neuen

Testament sucht die Weisheit „sich das kindliche Gemüt und die Demut der Armut“ (Kunz 2009, S. 197).

Weisheit kann als Überlebensstrategie, als Lebenskunst, als Ressource, als Gottvertrauen und als Blick auf alles ‚Rechte‘ beschrieben werden, ist aber nicht gleichzusetzen mit Recht, Ethik, Moral oder Wissen. Weisheit kann auf keine Definition festgelegt werden, noch ist sie nicht existent. Hierzu passend scheint ein Ansatz des Alten Testaments, welches den Geltungsanspruch von Weisheit diskutiert, auf Grenzen stößt, diese anerkennt und die Weisheit zu einer Weisheit der Grenzen umdeutet (Kunz 2009). Ralph Kunz beschreibt in diesem Zusammenhang eine spezifisch christliche Glaubensweisheit, die sich aus der Orientierung zur Gottesbeziehung ergibt. Das Erkennen der eigenen Grenzen und der Grenzen des menschlichen Verstehens ergibt sich für Kunz aus dem Glauben, welcher durch das Leben mitgewachsen ist (ebd.). Eine solche Weisheit, die aus dem Glauben erwächst, gepaart mit Lebenserfahrung, ist eine Weisheit, die sicher nicht äquivalent zu Allwissenheit zu setzen ist, stattdessen von vollem Vertrauen zu einem Gott zeugt, den zu begreifen das menschliche Wissen übersteigt.

Abschließend und als Übergang zum nächsten Kapitel soll ein Zitat des Theologen Alban Rüttenauer seinen Platz finden, welches einen lohnenswerten Perspektivenwechsel thematisiert:

> „Mit diesem Beitrag, der das Alter [und den Glauben im Alter] unter dem Gesichtspunkt der Weisheit betrachtet, kehrt sich eine gewöhnliche Perspektive schlagartig um. Mit einem Mal sind die alten Menschen nicht mehr Objekte, Gegenstand unserer Betrachtung, sondern die Subjekte selbst, aus deren Blickwinkel die Welt zu betrachten ist. Sie sind nicht mehr Gegenstand unserer Fürsorge und Pflege, sondern haben selber etwas zu geben und zu sagen,

sind nicht mehr das Problem, sondern diejenigen, die die Lösung unserer Probleme oder einer solchen doch schon näher gekommen sind." (Rüttenauer 2017, S. 73)

Der alternde Mensch kann aus dieser Perspektive heraus bewundert statt nur bemitleidet werden. Er ist ein Mensch, der trotz einiger aufkommenden Defizite noch etwas zu geben hat, der seine Lebenssituation meistert und dabei möglicherweise sogar noch imstande ist, anderen Mut zu machen und jüngeren Menschen die Angst vor dem Altern zu nehmen. Der Perspektivenwechsel hat Konsequenzen für eine Pastoral des Alterns und soll im folgenden Kapitel immer wieder leitend sein.

3.4 Pastoraltheologische Konsequenzen

Aus den biblischen Betrachtungen, theologischen Überlegungen und den Blick auf den Glaube im Alter ergeben sich Konsequenzen für die Pastoraltheologie. Diese versteht sich ihrem Sendungs- und Handlungsbewusstseins gemäß als diakonische Theologie, welche im Dienste der Kirche als universales Heilssakrament agiert (Rahner und Vorgrimler 2008). Dabei nimmt die Pastoraltheologie „Freude und Hoffnung, Trauer und Angst der Menschen von heute" (GS 1, 1) wahr und versteht diese Realitäten als Teil des seelsorglichen Auftrags der Kirche (GS 1, 1). Um diesem Auftrag gerecht zu werden, versucht die Pastoraltheologie anwendungsbezogen beziehungsweise praktisch-seelsorglich zu handeln und blickt dabei auf innerkirchliche Strukturen, auf personale Vollzüge, auf adressatenbezogene Glaubensvermittlung und gesellschaftliche Prozesse. Das Zweite Vatikanische Konzil brachte mit seiner pastoraltheologischen Konstitution „Gaudium et Spes" die Zielsetzung hervor, „nach den Zeichen der Zeit zu forschen und sie im Lichte des Evangeliums zu deuten" (GS 4). Es geht also darum, Zeichen und Orte zu identifizieren, in denen sich Gott hier und heute als der erweist, der sein Versprechen hält, für die Welt präsent zu sein. Eine kontextsensible Pastoraltheologie, die gleichzeitig eine Theologie der Offenbarung und eine pluralitätsfreudige Theologie der Freiheit ist, kann diesen Auftrag erfüllen (Brand 2020).

In den folgenden Punkten soll dieser Auftrag in Bezug zur heutigen Seniorenpastoral gebracht werden. Dabei sind folgende Fragen leitend: Wie verändern die bisherigen Erkenntnisse die Untersuchung zum Alter(n) das Verständnis von Pastoral und wie können Senior*innen in einer solchen Pastoral wertgeschätzt werden?

3.4.1 Neubestimmung des Begriffs der Seniorenpastoral

Bevor an dieser Stelle ein Vorschlag zur Neubestimmung des Begriffs der Seniorenpastoral vorgestellt wird, muss zunächst geklärt werden, wie Seniorenpastoral bisher verstanden wurde. Um sich dieser Frage zu nähern, lohnt sich ein Blick in das Lexikon für Theologie und Kirche (1993-2001). Jedoch findet man in ihm weder einen Beitrag über „Senioren" noch zu „Seniorenpastoral". Dennoch kann man fündig werden, wenn man den Begriff der „Altenpastoral" nachschlägt. Die Altenpastoral wird hierbei als Teil des Gesamtauftrages der Kirche beschrieben und ist geprägt von demografischen und sozialen Strukturwandeln, wie der wachsenden Zahl älterer Menschen oder der Diversität von Lebensentwürfen. Ganz klar formuliert Franz-Josef Hungs, welcher den Beitrag verfasste, dass Altern alle kirchlichen Lebensäußerungen, über Diakonie und Betreuung hinausgehend, bestimmt. Durch gerontologische Einsichten geprägt orientiert sich die Altenpastoral „am Zusammenhang von Glaube und Leben, von Erfahrung und Lebenssinn, von Alter und Evangelium" (Hungs 1993, S. 453). Dabei möchte sie ältere Menschen zur Teilnahme am vielfältigen Leben der Kirche ermutigen, in Lebensfragen und -wegen unterstützen und Angebote aus dem Glauben herausstellen. Altenpastoral widmet sich dem einzelnen Menschen, ohne dabei gesellschaftliche

Grenzen anzuerkennen oder aufzubauen: „[...] ihr ist nichts Menschliches fremd“ (Hungs 1993, S. 153). Dabei erkennt sie, dass die bisher üblichen katechetischen Unterweisungen nicht ausreichen, um ältere Menschen in ihrer Vielfalt „Glaubenswissen zu vermitteln, aus dessen Einsicht sie ihre Lebensgeschichte verantwortungsvoll gestalten können“ (ebd., S. 453). An dieser Stelle wird auf die Erwachsenenkatechese verwiesen. Am Ende des Beitrags wird die Altenpastoral als Tätigkeitsfeld und Lebensraum in der Gemeinde örtlich verankert (ebd.).

Die konkreten praktischen Aufgaben der Seniorenpastoral beschreibt der evangelische Theologe Jörg Hermann im Handbuch der praktischen Theologie (2007), nennt die Seniorenpastoral in diesem Zusammenhang aber „kirchliche Seniorenarbeit“ (Herrmann 2007, S. 691). Er gliedert diese dabei in die kirchengemeindliche Arbeit ein, die eher religionskulturelle Angebote zur Begleitung des ‚guten‘ Alterns forciert. Konkret nennt er dabei spezifische Aktivitäten, „die vom Seniorenkreis über den Geburtstagsbesuch, den Seniorennachmittag und den Seniorenausflug bis hin zu den Jubiläen von Hochzeiten und Konfirmationen reichen“ (ebd., S. 691). Zentral wird hier auch die Praxis der Seelsorge als Unterstützungsangebot in Krisensituationen herausgestellt, deren Leitlinie stets die multidimensionale Kommunikation des Evangeliums ist (ebd.).

Was lässt sich nach dem Blick auf diese beiden Definitionen einer Pastoral für ältere Menschen sagen? Zunächst ist es die Unterschiedlichkeit in den Begrifflichkeiten, die auffallend ist. Zwar kommen die erwähnten Blickweisen aus konfessionell unterschiedlichen Richtungen, aber darin liegt nicht der Grund. In einem vorherigen Kapitel wurde die Inkongruenz der Begrifflichkeiten schon erwähnt und soll hier nicht weiter thematisiert werden. Jedoch wird klar, dass nicht nur in gerontologischen, soziologischen und entwicklungspsychologischen Überlegungen Uneinigkeit herrscht. Über die Begrifflichkeiten hinausgehend zeigt sich, dass Theologie und Kirche die Diversität und Individualisierung der Lebensläufe und Glaubensgestalten älterer Menschen erkannt haben. Dass diese Erkenntnisse allerdings noch keinen durchdringenden Weg in die Praxis gefunden haben, attestierte eine Untersuchung des Sozialwissenschaftlichen Instituts der Evangelischen Kirche in Deutschland (Neuhausen und Giesler 2011). Diese stellt fest, dass der Pluralität der Menschen in der Gemeindepraxis noch immer nicht ausreichend Rechnung getragen und zu wenig anerkannt wird, dass sich die Altersphasen über zwei bis drei Jahrzehnte erstrecken können (ebd.). Darüber hinaus dominieren weiterhin Angebote für Menschen der zweiten Altersphase die Seniorenpastoral, während ‚aktive Alte' sich kaum angesprochen fühlen. Sie empfinden sich dafür oftmals noch als nicht alt genug (Foitzik 2009). Die Seelsorge für ältere Menschen, die als Begriff häufig synonym mit Pastoral Verwendung findet, wird oft als Hilfe und Betreuung verstanden, oder zumindest so wahrgenommen, und im Altenheim, Hospiz oder Krankenhaus verortet (Hauschildt 2009).

Auch wenn vergleichbar aussagekräftige Studien, beispielsweise die der EKD, auf katholischer Seite kaum zu finden sind, bestätigen Studien, wie die der Theologen Walter Fürst und Ulrich Feeser-Lichterfeld zur religiösen Entwicklung, die Annahmen, dass die Verhältnisse in der katholischen Seniorenpastoral ähnlich sind. Fürst und Feeser-Lichterfeld rufen Kirche, Pastoral und Theologie, resultierend aus ihren Ergebnissen zu einer „kritischen Reflexion der heutigen Situation der Alten und des Alters aus theologisch-anthropologischer und ekklesiologischer Perspektive und eine dementsprechende Neubestimmung der diesbezüglichen pastoralen Praxis" auf (Fürst und Feeser-Lichterfeld 2003, S. 157). Es ist dabei die Aufgabe der Pastoral als personale und soziale Lebenshilfe aus dem Glauben Beiträge zu schaffen, die der christlichen Botschaft, aber auch der gesellschaftlichen Situation gerecht werden und ältere Menschen eine freie und selbstbestimmte Lebensgestaltung ermöglichen. Es sei der Pastoral dabei nicht zu unterstellen, dass keine Bemühungen zu erkennen, aber auch diese reichen nicht an eine von Fürst und Feeser-Lichterfeld eigentlich anzustrebenden Pastoral heran, sondern greifen oftmals zu kurz sind. Die Gründe liegen dabei, so die Theologen, immer noch am Festhalten überholter Altersbilder und der zu starren Verallgemeinerung von ‚Alter' (Fürst und Feeser-Lichterfeld 2003).

Dass der Begriff Seniorenpastoral eine Neubestimmung erfahren muss, drängt sich aus diesen Blickweisen auf. Unterschiedliche Begrifflichkeiten sollen dabei nicht überbewertet werden, aber können dennoch neue Zugänge öffnen und einen Beitrag dazu leisten, überholte Altersbilder und Handlungsansätze zu reformieren. Angesichts der Vielfalt von Alter wird ein Begriff von Seniorenpastoral, der lediglich Betreuung und Unterstützung meint, der Seniorennachmittage als ausreichende Angebote versteht, der aktive ältere Menschen nicht erkennt und Individualität nicht zulässt, nicht gerecht. Es liegt an der pastoralen Praxis den legitimen Begriff der Seniorenpastoral mit neuen Inhalten zu füllen. Orientierungspunkte, wie Inhalte unter anderem aussehen können, zeigen die folgenden beiden Gliederungspunkte.

3.4.2 Senior*innen als Subjekte ihres Lebens und ihres Glaubens

Die Überlegungen zum Begriff des Subjektes haben eine Jahrhunderte lange Tradition sowohl in der Philosophie als auch in der Anthropologie, Soziologie und vielen weiteren wissenschaftlichen Disziplinen. Wie so häufig ist eine eindeutige Definition in Anbetracht der Breite und der dynamischen Entwicklungen in Geschichte und Gesellschaft nicht zu formulieren, beziehungsweise würde den zahlreichen Überlegungen nicht gerecht werden. Um in diesem Kapitel den Menschen als Subjekt seines Lebens und Glaubens zu beleuchten, sollen aber einige Grundannahmen als Merkmale für den Subjektbegriff in diesem Kontext skizziert werden. Wesentlich, wenn auch nicht hinreichend für das Subjekt, ist das Verfügenkönnen über Selbstwissen und Selbstbewusstsein. Der Mensch kann sich zu sich selbst verhalten und hat dabei ein Bewusstsein im Prozess des Erlebens inne, welches ihm erlaubt, sich zustimmend oder ablehnend gegenüber Handlungen zu äußern. Darüber hinaus kann das Subjekt mit einer gewissen Verantwortlichkeit beschrieben werden, in welcher es selbstbestimmt agieren kann. Diese Haltungen, Handlungen, Gefühle, Wahrnehmungen und Erfahrungen kann das Subjekt kommunizieren und reflektieren (Baumgartner 1994).

Aus theologischer Sichtweise kommt dem Subjektbegriff ein besonderes Gepräge zu. Er bezieht sich unter anderem auf die Gott-Mensch-Beziehung: Das Handeln und Entscheiden des Menschen wird in die göttliche Wirklichkeit gestellt. Die Überlegungen zum theologischen Subjektdenken reichen von ihren Anfängen bei Augustinus bis in die aktuelle systematische Theologie. Beim großen Theologen Karl Rahner, der die Subjektbegrifflichkeiten deutlich prägte, wird der Mensch und damit das sich in der Gottesbeziehung verstehende und deutende Subjekt als Mittelpunkt der theologischen Reflexion verstanden (Rahner 2013). Beispielsweise nimmt Karl Rahner den von Augustinus her kommenden Subjektgedanken auf, indem er den Menschen als „Hörer des Wortes“ und „Hörer der Botschaft“ (ebd., S. 35-53) kennzeichnet und „das Subjektsein des Menschen aus der transzendentalen Verwiesenheit des Menschen auf Gott entfaltet“ (Boschki 2017, S. 3).

Durch den gemeinsamen Sendungsauftrag aller Christ*innen zur „Tätigkeit zum Aufbau des Leibes Christi“ (LG 32), besteht für den Theologen

Konrad Baumgartner für alle getauften Christ*innen die Berechtigung und auch Pflicht, sich mit dem individuellen Glaubensauftrag in den Vollzug der Kirche einzubringen – unabhängig von dem eigenen Alter. Dadurch werden die Menschen als das erkannt, was sie sind: Subjekte - und nicht Objekte - der Pastoral, die ihre jeweiligen Erfahrungswerte einbringen und mit der Kommunikation des Glaubens einen wichtigen Stellenwert in der Gemeinschaft einnehmen können (Baumgartner 2000). Gerade in Bezug auf alternde Menschen muss sich Pastoral und Seelsorge immer wieder vor Augen halten, dass das Alter(n) keineswegs den Endpunkt einer Lebensgeschichte markiert, sondern Ausgangspunkt von weiterer Entwicklung im Leben der alternden Menschen und damit auch der Gesellschaft und Kirche ist (Reuter 2017). „Konzepte der Altenpastoral, in denen der alte Mensch doch eher Objekt einer fürsorgenden Seelsorge und weniger als Subjekt seiner Lebens- und Entwicklungsgeschichte angesehen wird, sind [...] auf jeden Fall obsolet“ (ebd., S. 101). Dabei ist keinesfalls gemeint, dass eine fürsorgende Seelsorge nicht mehr nötig sei – im Gegenteil. Jedoch ist sie immer auf dem Hintergrund der Subjekthaftigkeit des Menschen, egal ob dieser bereits der Pflege bedarf oder noch aktiv ist und ohne externe Hilfen Leben gestalten kann. Noch viel mehr als Kirche es bereits tut, muss sie einen Subjektraum eröffnen, der auch den ‚jüngeren Alten‘ entspricht, wo sie über ihre Kompetenzen und den individuell gewachsenen Glauben angesprochen werden (Roos 2014). Roos empfiehlt dabei konkret, Möglichkeitsräumen des Alters zu eröffnen, die entdeckt werden können und in welchen bei Bedarf auch partizipiert werden kann (ebd.). Eine Kirche als partizipatorischer Raum, in welchem sich Menschen des dritten Lebensalters selbstorganisiert engagieren können, eine Begegnung auf Augenhöhe erfahren und nicht als zu umsorgende Objekte, sondern als Subjekte, die aus ihrem Leben und

Glauben etwas zu Geben haben wahrgenommen werden, kann eine Basis für eine zukunftsfähige Seniorenpastoral bieten.

3.4.3 Seniorenpastoral diakonisch gewendet: Befähigungsdiakonie

Aus den gewonnenen Einsichten ergibt sich, dass sich Seniorenpastoral nicht in einer Betreuungs- und Versorgungsdiakonie erschöpfen darf und es einer Wendung, oder besser gesagt, einer Neubestimmung bedarf. Dabei soll schon gleich vorweggenommen und deutlich betont werden, dass es bei diesem Ansatz einer Neubestimmung keinesfalls darum geht, Betreuungsangebote zu eliminieren. Ein Ignorieren der großen Nachfragen von Hilfe und Unterstützung in Betreuung und Pflege wäre absolut falsch und würde außerdem wieder ein Altersbild unterstützen, welches lediglich die Vitalität des Alters in den Blick nimmt und damit niemals Alter(n) in der Vielfalt wahrnehmen könnte. Dennoch ist diese Form der Pastoral und Seelsorge, wie bereits in vorherigen Kapiteln beschrieben, häufig keine, welche Menschen anspricht, die noch keinen Bedarf an Pflege und Unterstützung haben.

In einem Rückblick auf die vergangenen Jahre der Seniorenpastoral lassen sich drei Typen von Pastoral erkennen, auf welche in einer jeweiligen Zeit ein besonderer Schwerpunkt gelegt wurde. So überwog Ende der sechziger Jahre bis Mitte der siebziger Jahre die Vorstellung, Seniorenpastoral habe die Aufgabe, sich hilfsbedürftigen Gemeindemitgliedern individuell zuzuwenden und diese zu betreuen, wobei besonders die seelsorgliche Betreuung durch den Priester im Vordergrund stand. Häufig waren dann aber nur die Gemeindemitglieder Teil des pastoralen Interesses, die krank oder isoliert waren. Die auch dort schon bestehende vieldimensionale Alterswirklichkeit wurde übersehen oder, um es sehr deutlich zu formulieren, ignoriert. Seit Mitte der Siebziger ergab sich dann eine vorsichtige, aber dennoch kritische Sichtweise auf die Seniorenpastoral der reinen Betreuung, und stattdessen wurde eine zunehmende Angebotspastoral etabliert, die einen Mischtypus förderte. Ältere Menschen wurden betreut, hatten aber ebenso die Gelegenheit, bei Freizeit-, Bildungs- und Unterhaltungsangeboten mitzumachen (Blasberg-Kuhnke 1985). Im Rahmen dessen entstanden die Seniorennachmittage, die bis heute das Bild der Seniorenpastoral in zahlreichen Gemeinden prägt. Eine solche Form der Pastoral orientierte sich deutlich stärker an den Erwartungen und Interessen der Mitglieder und legte Wert auf eine höchstmögliche Form der Beteiligung. Doch auch, wenn eine Mitbestimmung und Mitverantwortung der Konsument*innen dieser Seniorenpastoral eine Rolle spielten, liegt doch die Vermutung nahe, dass der zahlenmäßige Erfolg der Angebote schwerer wog (Baumgartner 2000). Einen neuen Ansatz, den „**basisgemeindlich orientierten Ansatz**" (Blasberg-Kuhnke 1985, S. 320), brachte besonders die Theologin Martina Blasberg-Kuhnke in den achtziger Jahren in die seniorenpastorale Arbeit. Ein solcher Ansatz will die Beteiligung und Selbstorganisation von Senior*innen fördern, um die tatsächliche Lebenssituationen dieser zu thematisieren. Dabei geht es darum, sich nicht auf altershomogenen Zielgruppen zu fixieren, sondern vielmehr ein interessenorientiertes Zusammenfinden zu ermöglichen, denn: „**Alte sind als Alte keine Zielgruppe** (mehr, wenn **sie je eine waren**!)" (Blasberg-Kuhnke 2003, S. 101).

Die Idee des basisgemeindlich orientierten Ansatzes legt einen Grundstein für das Verständnis einer Pastoral der Beteiligung, in welcher weder eine reine Betreuung und Versorgung noch reine Unterhaltung und Beschäftigung im Vordergrund stehen. Eine Beteiligungspastoral versteht den älteren Menschen als Subjekt seines Lebens und Glaubens, der nach dem jeweiligen Ermessen Mitgestalter der Pastoral ist, in die er sich einbringen, Neues entdecken und sich entwickeln, oder aber einfach soziale Kontakte knüpfen und sich amüsieren kann – jedoch immer am individuellen Interesse orientiert. Die Aufgabe der hauptamtlichen pastoralen Mitarbeiter*innen besteht dann nicht mehr im Konzipieren von Angeboten, die einer Zielgruppe eventuell gefallen könnten, sondern darin, Beteiligungs- und Mitsprachemöglichkeiten zu schaffen, Interessierte in ihren Vorhaben zu unterstützen, zu befähigen und Möglichkeiten und Räume zu bieten, die Vorhaben umzusetzen und zu verwirklichen (Roos 2014). Eine solche Form der Pastoral verfügt über eine kommunikative und generationenübergreifende Praxis, in der ältere Menschen mit jüngeren Menschen zusammen kommen, „Erfahrungen, Befürchtungen, Hoffnungen, Meinungen, Überzeugungen gegenseitig austauschen, miteinander feiern und beten, Konflikte untereinander austragen, gemeinsame Interessen entdecken und möglichst in altersheterogenen Gruppierungen zusammenarbeiten“ (Baumgartner 2000, S. 71). Diese Form der Pastoral kann Altersgrenzen durchbrechen und Blickweisen innerhalb einer Generation gegenüber anderen Generationen öffnen.

Kritische Stimmen mögen in dieser Form der Beteiligungspastoral skeptisch auf den Umstand blicken, dass der Wille zu freiwilligem Engagement angenommen und vorausgesetzt wird. Das zunehmende „Vereinssterben“ aufgrund von mangelnder Bereitschaft mag diese Stimmen kräftiger werden lassen und das auch zurecht. Die Bereitschaft sich in Vorstandschaften oder auch im kirchlichen Bereich zu engagieren, sinkt, wie beispielsweise die Ehrenamtsstudie der Erzdiözese Freiburg ernüchternd vor Augen führte (Freiburg 2017). Viele Menschen nennen dabei, dass sie sich zu sehr unter Druck gesetzt fühlen und eine Freiwilligkeit nicht in der Art und Weise verspüren, wie sie diese gerne ausleben würden. Ergebnisse der Studien wie die des vierten deutschen Freiwilligensurvey zeigen jedoch auch, dass die Bereitschaft zu freiwilligem Engagement zwischen 1999 und 2014 deutlich, um knapp zehn Prozentpunkte, gestiegen ist. „Die 65-Jährigen und Älteren sind zwar mit 34,0 Prozent weniger häufig freiwillig engagiert, ihr Engagement hat sich jedoch seit 1999 um 11,0 Prozentpunkte erhöht" (Simonson et al. 2016, S. 22). Dabei geht es weniger um das klassische Verständnis von Ehrenamt, wie es beispielweise in Vereinen praktiziert wird, sondern vielmehr um das Interesse an Beteiligung mit Gestaltungsfreiheit bei der Ausführung der eigenen Aufgabe und um das Interesse an der Auseinandersetzung mit Themen, die sie in diesem Moment gerade betreffen. Viele Menschen, auch in höheren Lebensaltern, sind nicht mehr bereit, Ämter einzunehmen, welche sie über einen langen Zeitraum verpflichten. Eine Schwierigkeit, trotz der erhöhten Engagementbereitschaft, liegt in der ‚Gewinnung' derjenigen. Warum diese Schwierigkeit besteht, ist mehrschichtig. Zum einen wird nicht nachdrücklich dafür geworben, beziehungsweise erfolgt keine direkte Ansprache und Motivation. Viele beklagen auch, dass die Mitarbeit keinen Spaß bereiten würde. Hier gilt es Vorbehalte abzubauen und zu vermitteln, dass Engagement nie nur ein Geben darstellt. Ein weiterer Punkt schließt an eben Ausgeführtes an: Viele potenzielle Freiwillige fürchten, dass sie zu wenig Freiräume in ihrem Engagement haben. Zu zeitlich überschaubarem und projekthaftem Engagement besteht eine deutlich größere Offenheit (Foitzik 2009).

Einige Aufgaben der hauptamtlichen pastoralen Mitarbeiter*innen einer Beteiligungspastoral wurden bereits kurz erwähnt und aus dem Exkurs zur Engagementthematik im oberen Abschnitt gingen weitere hervor. Nun soll noch eine weitere und zentrale Aufgabe innerhalb der Neuorientierung von Seniorenpastoral erwähnt werden. In einer Beteiligungspastoral braucht es eine integrative Befähigungsdiakonie, welche das Erfahrungs-

und Glaubenspotential älterer Menschen aktiviert und schließlich die Entscheidung darüber, was altersgerechte Pastoral ist und wie sie sich gestaltet, in die Kompetenzen der Senior*innen selbst legt. Eine Befähigungsdiakonie ist aber, ganz im eigentlichen Sinne der Diakonie, völlig uneigennützig, erwartet keine Gegenleistung. Diakonie entspringt nicht der Sorge um den kirchlichen Mitgliederzuwachs, sondern um die Belange der Menschen in ihren Lebenssituationen. Seniorenpastoral im Sinne einer Befähigungsdiakonie soll Raum schaffen, in welchem ältere Menschen sich selbst als Subjekt ihres Lebens und Glaubens erfahren, weder Stärken noch Schwächen ausgeblendet werden, keine Bedingungen wie eine dauerhafte Mitarbeit gestellt werden und die christliche Botschaft in aller Freiheit als Lebensdeutung, Lebenshilfe und Lebensannahme wahrgenommen werden kann (Baumgartner 2000).

3.5 Exkurs: Verhältnis der Generationen im theologischen Kontext

Die Überlegungen zu einer Neuausrichtung der Seniorenpastoral hin zu einer Beteiligungspastoral deutete es schon an: Bei der Suche nach einer differenzierten Pastoral der Zukunft tritt immer wieder der Aspekt der Mehrgenerationalität auf, beziehungsweise das Verhältnis der Generationen untereinander. 2018 rief Papst Franziskus zur Jugendsynode auf und thematisierte im Nachsynodalen Schreiben „Christus Vivit" die Beziehung zwischen jüngeren und älteren Menschen. Seine Überlegungen schließen, über die Thematik des Verhältnisses von Generationen zueinander hinaus, weitere, bereits angesprochene Punkte dieses Kapitels ein, weshalb eine Betrachtung der päpstlichen Ausführungen aus „Christus Vivit" doppelt lohnend erscheint.

Papst Franziskus erinnert zuerst daran, dass ein Kontakthalten der jüngeren Menschen zu den älteren Menschen und umgekehrt unentbehrlich ist. Dieser Aufforderung legt er zugrunde, dass mit dem beständigen Kontakt eine Chance des gegenseitigen Erfahrungsaustausches besteht und diese nicht vertan werden darf. Besonders an die jüngere Generation gerichtet betont er, dass die gelebten Jahre der älteren Menschen zu achten seien und greift dabei das biblische Motiv des Ehrens von Vater und Mutter auf, welches Inhalt des vierten Gebotes des Dekaloges ist (Ex 20,12). Papst Franziskus möchte mit diesem Hinweis jedoch kein hierarchisches System unterstützen, in welchem die jüngeren Menschen bedingungslos Haltungen und Meinungen der älteren akzeptieren: „Dies [das Ehren von den alternden Eltern] bedeutet nicht, dass du mit all dem, was sie sagen, einverstanden sein musst, und auch nicht, dass du alle ihre Handlungen gutheißen musst“ (CV 190). Er fordert sogar dazu auf, kritisch zu sein. Es geht vielmehr um die Offenheit gegenüber der Weisheit, die von Generation zu Generation übermittelt wurde und wird. Durch die Existenz einer Beziehung zwischen den Generationen findet das Weitertragen dieser Weisheit keinen Abbruch, sondern trägt dazu bei, dass ein kollektives Gedächtnis einer Gemeinschaft besteht, an welchem alle partizipieren und davon profitieren können. Dies wiederrum wäre ein Grundstein einer starken Weltgemeinschaft. Ein Bruch zwischen den Generationen würde der Welt nicht dienen. Um diesen zu verhindern, braucht es eine Offenheit aller Generationen. Dass das Neue nicht immer automatisch das Gute und Schöne ist, scheint Papst Franziskus den jüngeren Generationen deutlich machen zu wollen. Dass ein nostalgisches Zurückblicken jedoch keineswegs hilfreicher in der Gestaltung hin zu einer bessern, generationenfreundlicheren Welt ist, richtet er an die älteren Menschen.

Ausgehend von einem biblischen Zitat aus dem Buch Joël, wo es heißt: „Danach aber wird Folgendes geschehen: Ich werde meinen Geist ausgießen über alles Fleisch. Eure Söhne und Töchter werden Propheten sein, eure Alten werden Träume haben und eure jungen Männer haben Visionen“ (Joël 3,1), ergeht für Papst Franziskus ein weiterer Auftrag an die Generationen. Ältere Menschen sollen ihre Träume träumen und diese nicht unterdrücken, denn nur dann können jüngere Generationen sich in diesen festmachen, ihren Horizont erweitern und Zukunftswege bereiten. Wie genau diese Träume aussehen, beschreibt Franziskus nicht konkret. Aber es sind Träume, die voll sind „von Liebe und Hoffnung“ (CV 194). All diesen Träumen und damit auch den Visionen liegt der schöpferische Ursprungstraum Gottes zugrunde. Dieser soll Ermutigung und Begleitung sein und ebenso zu jenen Weisheiten gehören, die über die Generationen hindurch getragen werden. Auch wenn sich die Bilder von Träumen und Visionen friedlich und romantisch anhören, weist Papst Franziskus darauf hin, dass das Zuhören der Erzählungen älterer Menschen über die Träume nicht einfach ist. Es erfordert Zeit und Geduld und ist ein Prozess. Dennoch liegen in den Träumen wertvolle Erfahrungen der Senior*innen selbst.

Schon fast zusammenfassend fragt Franziskus in Christus vivit (CV 197), was die Älteren den Jüngeren geben können und kommt zu dem Schluss, dass es ihre Aufgabe ist, immer wieder in Erinnerung zu rufen, dass ein Leben ohne Liebe unfruchtbar ist, die Sorge über die Zukunft überwunden werden kann und die Freuden des Lebens nicht nur im Nehmen, sondern auch im Geben liegen. Dabei dürfen die schweren Zeiten des Lebens nicht ausgeklammert werden, was für beide Generationen gilt. Es geht um ein Lernen, um Stützen und Ermunterung voneinander und zueinander, dass Gott aus allem Scheitern und Erfolg einen „wunderschönen Wandteppich“ (CV 198) webt und die Rückseite mit den verworrenen Fäden dazugehört, da sie die Ereignisse der individuellen Lebensgeschichte zeigen. „Dennoch zeigt die schöne Seite des Wandteppichs eine wunderbare Geschichte und dies ist die Seite, die Gott sieht“ (CV 198). Durch ein gemeinsames Gehen der Generationen können Wurzeln entstehen, die nicht wie Anker an den Epochen festhalten, sondern die Bezugspunkte sein können, welche erlauben zu wachsen, die Realität mit Sinn zu füllen und darin die Botschaft Jesu zu erkennen und zu verkünden.

Abschließend gibt Franziskus eine Assoziation eines Auditors der Synode wieder, welcher die Kirche mit einem Kanu vergleicht. In diesem Kanu sitzen die jüngeren mit den älteren Generationen zusammen und lenken dieses. Jede*r hat ihre / seine spezifische Aufgabe und nur gemeinsam kann das Kanu gelenkt werden. Die älteren Menschen navigieren das Kanu, indem sie die Sterne beobachten und deuten, während die jüngeren Menschen kraftvoll rudern und sich dabei vorstellen, was sie später erwarten wird. Aus diesem Bild ergeht der Auftrag, in das Kanu zu steigen und unter Antrieb des Heiligen Geistes eine bessere Welt für alle anzusteuern (CV 201).

Das Bild des Kanus ist nicht nur ein Bild der Kirche, sondern auch ein Bild, welches das Verhältnis zwischen den Generationen beschreibt. Es ist auch die Vorstellung einer Seniorenpastoral, welche in Bewegung ist und dadurch funktioniert, dass es eine Zusammenarbeit über die Alterspanne gibt. Würde nur eine Generation im Kanu sitzen, könnte es nicht auf erfolgreiche Weise gesteuert werden. Es ist ein Bild einer Seniorenpastoral, in welcher alle Platz haben und die individuellen Fähigkeiten eingebracht werden können und auch gebraucht werden. In welche Richtung es geht, wird bestimmt das Zusammenarbeiten und die Entscheidung der Generationen. Es ist ein Rudern in eine Zukunft, die selbstbestimmt ist, deren Ziel in den Händen derjenigen liegt, die sich engagieren wollen. Das Bild des Kanus ist ein Bild, welches die Idee einer Beteiligungspastoral stützt, in welcher die Menschen, ältere und jüngere, in ihren Kompetenzen befähigt werden und selbstbestimmt, interessen-, alters- und charismenorientiert handeln können. Es ist auch ein Bild, welches die alternden Menschen als Subjekte anerkennt, welche einen großen Reichtum in sich tragen und etwas Wertvolles zu geben haben. Individualität wird zugestanden – jede*r sieht die Sterne aus einer anderen Perspektive, aber dennoch erwächst daraus ein Zusammenarbeiten innerhalb der Deutung dieser (CV 201). Den Antrieb, so schreibt Franziskus, schenkt der Heilige Geist. Doch noch ein weiterer Aspekt kommt zum Tragen, nämlich die Zusage Gottes und die damit einhergehende Motivation, bedingungslos anerkannt zu sein; selbst dann, wenn das Kanu mal vom Kurs abkommt oder dann, wenn die Augen oder die Arme vom Rudern schwächer werden (CV 201).

Das Kanu ist bei Papst Franziskus ein Bild für die Kirche, aber kann, wie im obigen Abschnitt erläutert, auch als ein Bild für die Seniorenpastoral verstanden werden. Aus diesem Verständnis heraus resultiert ein Impuls des Blicköffnens für die bestehende Seniorenpastoral, welcher über die vermeintliche Zielgruppe der Senior*innen hinaus reicht und Seniorenpastoral neu, offener, differenzierter und übergreifender denken lässt.

3.6 Erkenntnisgewinn

Am Ende dieses Kapitel, welches die Betrachtung von biblischer, theologischer und pastoraler Sichtweise auf und zum Alter zum Inhalt hatte, ergeben sich für mich daraus etliche Erkenntnisse, die teilweise am Ende eines jeden Kapitels schon anklangen. Dennoch sollen an dieser Stelle nochmals einige explizit benannt werden.

Im Konzert der wissenschaftlichen Disziplinen, welche am Forschungsgegenstand Alter partizipieren, hat die Theologie ihren Platz, auch wenn dieser noch etwas mehr Raum einnehmen könnte. Die bestehende Literatur zum Thema stammt häufig aus den 2000er oder früheren Jahren und viele der Vorschläge scheinen, so meine Wahrnehmung, nicht beziehungsweise nur vereinzelt zur Umsetzung in der pastoralen Praxis gelangt zu sein. Dabei ist Alter kein Teilaspekt einer christlichen Anthropologie, bei welcher lediglich die Kreatürlichkeit und Endlichkeit menschlichen Lebens betrachtet wird. Theologie bietet für das Altern mehr als eine Kultur des Abschiednehmens und des Zugehens auf den Tod, wie die Betrachtungen des Kapitels 3.2 zeigten. Theologie kann besonders mit der schon biblisch beschriebenen Vielfalt von Alter umgehen. Die christliche Botschaft ist nicht nur relevant für die ‚Lehre von den letzten Dingen', besonders im Hinblick auf Menschen des dritten Lebensalters, des Seniorenalters. Christlicher Glaube wird in den verschiedenen Lebensaltern unterschiedlich akzentuiert, ist dabei aber nie auf ein Alter festgeschrieben und weitentfernt von einem Entwicklungsstillstand. Themen wie Autonomie und Abhängigkeit, Leben und Beziehung, Biografie und Fragment, Würde und Verantwortung sind Teil der christlichen Botschaft und Teil des Alterns. Von dieser Vielfalt und Dynamik des Glaubens und des Alter(n)s kann sich Pastoral auf positive Weise anstecken lassen und mutig neue Wege suchen. „Darum ist es die Aufgabe [...] insbesondere der Pastoral, die Fähigkeit der Menschen in allen Alterssituationen zum konstruktiven Wandel, zur Entwicklung durch offene Auseinandersetzung mit der Welt, in der wir leben, zu unterstützen" (Wittrahm und Leicht 2003, S. 39).

Die Überlegungen zur Neubetrachtung und Neuorientierung, besonders der Seniorenpastoral, brachten neue Erkenntnisse. An die Form der Pastoral mit Angebotscharakter wurden vielerlei kritische Anfragen gestellt.

Obwohl hier mit viel Mühe und Energie Angebote für und mit alten Menschen initiiert und konzipiert werden, bleiben sie Objekt der Pastoral, sodass auch ihre Aktivität weithin auf den Konsum von Veranstaltungen beschränkt bleibt. Bei aller Kritik darf die Angebotspastoral nicht aus dem gemeindlichen Leben verbannt werden. Viele Menschen genießen das ‚Konsumieren', wo sie schlicht ein Angebot wahrnehmen können, ohne sich großartig einzubringen oder dieses mitzugestalten. Sie sind zufrieden mit den Angeboten, da sie ihre Bedürfnisse durch die Teilnahme als erfüllt sehen. Diese Menschen dürfen durch ein Leitbild vom selbstgestalteten Altern nicht exkludiert und an den Rand gedrängt werden. Dennoch gilt es, die Angebote kritisch anzufragen. Welche Bedürfnisse haben die Menschen, die durch diese Angebote aufgegriffen werden könnten? Werden die Erfolge der Angebote nur an den zahlenmäßigen Erfolgen gemessen? Sind die Angebote lediglich auf Betreuung, Unterhaltung und Beschäftigung ausgerichtet, oder gibt es auch für diejenigen, die sich einbringen und beteiligen möchten, entsprechende Möglichkeiten? Und lassen die Angebote auch die Chancen auf intergenerationale Kontakte und Verknüpfungen zu? Werden diese Fragen gestellt und die Ergebnisse entsprechend bearbeitet, entsteht eine Beteiligungspastoral, die (mehr) Mitsprache und Mitverantwortung der Christ*innen ermöglicht und ernst nimmt.

Beteiligungspastoral, welche durch eine Befähigungsdiakonie initiiert werden kann, öffnet gedankliche Räume und wirft dabei neue Fragen auf. Wenn die Seniorenpastoral unter anderem vom Kooperieren der Generationen profitiert, braucht es dann überhaupt eine zielgruppenorientierte Pastoral, oder sollte es eine Pastoral aller Menschen geben, an welcher jene partizipieren, bauen, mitgestalten können, die sich dafür interessieren, sich berufen fühlen, die geben und nehmen wollen? Gerade für die jüngeren Senior*innen der dritten Lebensphase stellt sich die Frage, ob es eine als solche ausgewiesene Pastoral für Senior*innen noch braucht, oder ob die differenzierte Seniorenpastoral der Zukunft vielleicht eher eine Pastoral des Lebens, frei von Zielgruppen- und Altersgrenzendenken sein kann. Braucht es also eine Pastoral, die das Betrachten, Unterstützen und Begleiten der Neuorientierungen im Alter, der Entwicklungspotentiale, Anpassungs- und Auseinandersetzungsaufgaben zum Thema hat, und dabei feststellt, dass diese gar nicht so altersspezifisch sind wie sie scheinen?

Diese Erkenntnisse und Fragen sollen nun mitgenommen werden in den Forschungsteil dieser Arbeit, der nun folgt. Die Forschung, welche sich in Form von qualitativen Interviews und deren Auswertung gestaltet, soll praktische Einblicke in die Bedürfnisse der jungen Senior*innen geben, zeigen, wie Seniorenpastoral momentan gestaltet wird und wie die Interviewpartner*innen sich eine Seniorenpastoral der Zukunft vorstellen könnten.

4 Empirische Studie

Um sich sukzessive der Klärung der Frage nach einer differenzierten Seniorenpastoral der Zukunft anzunähern, erscheint es unerlässlich, die theoretischen Überlegungen und Erkenntnisse mit praktischen Einblicken und Erfahrungen von Beteiligten der Seniorenpastoral und -arbeit zu komplementieren. Hierzu werden qualitative Interviews geführt und analysiert. Der qualitative Ansatz wird gewählt, weil er im Gegensatz zu einer quantitativen Forschung den Fokus verstärkt auf das Erkennen und Verstehen von subjektiven Sinnesstrukturen, von Deutung- und Handlungsmustern der Einzelpersonen und ihre Alltags- und Lebenswelten legt und dabei zum Ziel hat, aus den Beobachtungen mögliche Ansätze und Formen von Intervention zu erkennen (Przyborski und Wohlrab-Sahr 2008). Nach der Formulierung der Fragestellung und der Forschungsziele wird die Erhebungsmethode der problemzentrierten Interviewführung nach Witzel beschrieben und deren Wahl begründet. Im Anschluss an eine ausführlichen Beschreibung des Feldzugangs und des Samplings wird die Auswertungsmethode vorgestellt und der Analysevorgang beschrieben. In einem weiteren Schritt werden die Ergebnisse der Forschung dargestellt und in der Diskussion mit den theoretischen Forschungserkenntnissen trianguliert. Abschließend wird der Forschungsvorgang einer kritischen Prüfung unterzogen.

4.1 Fragestellung und Ziel der Forschung

Für die Frage einer differenzierten Seniorenpastoral der Zukunft erschien es mir essenziell, Interviews zu führen, um *mit* statt über Menschen zu sprechen, die sich in der dritten Altersphase, also zwischen dem 65. und 75. Lebensjahr befinden und somit mögliche Adressat*innen der Seniorenpastoral sein können. Ebenso entschied ich mich dazu, Menschen zu befragen, die in ihrem beruflichen Kontext in der Seniorenpastoral und -

arbeit tätig sind, um einen Einblick in die aktuelle Situation der Seniorenpastoral zu bekommen.

Auf dem Hintergrund der verschiedenen theoretischen Einblicke, stellt sich mir folgende Forschungsfrage:

Wie muss eine differenzierte Seniorenpastoral der Zukunft konzipiert sein, die eine Vielfalt von Alter(n) respektiert, die Bedürfnisse der Menschen ab 65 Jahren bis 75 Jahren stillt, und für jene ansprechend ist?

Ziel des Forschungsvorhabens ist es herauszufinden, was Senior*innen beschäftigt, welche Bedürfnisse sie verspüren, wie sie ihr Leben gestalten und inwieweit Seniorenpastoral in diesem eventuell bereits eine Rolle spielt und weiterhin spielen kann. Meine theoretischen Erkenntnisse und bisherigen Überlegungen sollen dann mit den Forschungsergebnissen trianguliert werden, um in einem Ausblick zu müden, der beschreiben soll, wie eine Seniorenpastoral der Zukunft aussehen könnte.

4.2 Beschreibung der Erhebungsmethode

Die Auswahl der Erhebungsmethode fiel auf das Verfahren des problemzentrierten Interviews nach Andreas Witzel. Im Mittelpunkt dieses Verfahrens zur Befragung von Interviewpartner*innen stehen die Erfahrungen, Wahrnehmungen und Reflexionen dieser zu einer bestimmten gesellschaftlichen oder biografischen Problemstellung. Der Erkenntnisgewinn dieser Erhebungsmethode erfolgt über die Kombination einer induktiven und deduktiven Forschungsvorgehensweise, welche häufig getrennt voneinander betrachtet werden (Witzel 2000). Die induktive Forschung stellt durch Beobachtungen und Datenerhebungen Hypothesen auf. Mithilfe dieser beobachteten Erkenntnisse, werden dann, vom Einzelfall herkommend, Schlussfolgerungen für die Allgemeinheit getätigt. Unter einer deduktiven Forschung versteht man, von einer allgemeinen Aussage auf einen Einzelfall zu schließen, und damit eine bestehende

Theorie durch Datenerhebung und -analyse zu bestätigen oder zu widerlegen (Przyborski und Wohlrab-Sahr 2008). Das „induktiv-deduktive Wechselverhältnis“ (Witzel 2000) impliziert ein Vorwissen, welches beim Ansatz des problemzentrierten Interviews unbedingt offen zu legen ist und sowohl in der Vorbereitung der Erhebung als auch im Dialog mit der zu interviewenden Person hilfreich ist. Gleichzeitig wird hierbei das Prinzip der Offenheit realisiert, nach welchem keine Hypothesen im Voraus gebildet werden und somit keine Einordnung in vorher gebildeten Kategorien stattfindet. Diese offene Vorgehensweise stellt die interviewte Person mit ihrer individuellen Problemsicht in den Mittelpunkt und wird nicht durch jene der forschenden Person beeinflusst (ebd.).

Darüber hinaus formuliert Witzel drei Grundpositionen, welche den problemzentrierten Ansatz nochmals deutlicher skizzieren:

Als erste Position kann die „*Problemzentrierung*“ (Witzel 1989, S. 230) genannt werden, welche die Orientierung an einer gesellschaftlich relevanten Problemstellung thematisiert. Die forschende Person verfügt über Hintergrundwissen über diese Problemstellung, welches sie durch Recherche von Theorien oder dem eigenen Erfahrungswissen erlangt hat. Dieses Wissen nutzt die/der Interviewer*in, um die Explikationen der interviewten Personen zu verstehen, nachzuvollziehen und gleichzeitig am Problem orientierte Fragen zu stellen. Wichtig ist dabei zu beachten, dass die forschende Person die Ausführungen der/des Interviewpartner*in nie gänzlich vorbehaltslos hört, sondern immer auf dem Hintergrund des eigenen Wissensstandes interpretiert (ebd.).

Die „*Gegenstandsorientierung*“ (Witzel 1989, S. 232) führt Witzel als zweite Position an. Sie betont die Flexibilität der Methode gegenüber den unterschiedlichen Anforderungen des untersuchten Forschungsgegenstandes. Das Interview bildet das wichtigste Instrument des problemzentrierten Ansatzes. Da die Vorgehensweise stets gegenstandsorientiert sein soll, kann es bei bestimmten Interviews sinnvoll sein, zunächst eine Gruppendiskussion zum besseren Überblicken der Meinungsinhalte durchzuführen, oder den Fokus deutlicher auf biografische Methoden zu legen. Auch die Gesprächstechniken unterliegen dem Prinzip der Gegenstandsorientierung und sollten flexibel eingesetzt werden (ebd.).

Die dritte und letzte Grundposition bezieht sich auf den gesamten Forschungsverlauf: die „*Prozessorientierung*" (Witzel 1989, S. 233) . Bei einem sensiblen und akzeptierend gestalteten Kommunikationsprozess entsteht bei den interviewten Personen Vertrauen und damit Offenheit, weil sie sich in ihrer Problemsicht ernst genommen fühlen. Dieses Vertrauensverhältnis fördert die Erinnerungsfähigkeit, motiviert zur Selbstreflexion und regt die/den Gesprächspartner*in an, immer wieder neue und andere Aspekte zum Thema hervorzubringen. Zudem können auch Widersprüchlichkeiten entfaltetet werden, welche jedoch erwünscht sind. Sie drücken individuelle Ambivalenzen und Unentschiedenheiten aus, die thematisiert werden sollten. Ihnen liegen möglicherweise Missverständnisse und Fehler der / des Interviewer*in oder Lücken in der Erinnerung der interviewten Person zugrunde, die durch Nachfragen aufgeklärt werden können. Sie können aber auch zum Ausdruck bringen, wie komplex die Problemstellung ist und welche Dilemmata oder Entscheidungsschwierigkeiten sie mit sich bringt. Der Interviewprozess wird wesentlich durch eine gute Gesprächsführung gefördert, die das Erzählen anregt (Witzel 1989).

4.2.1 Beschreibung der Erhebungsinstrumente

Das problemzentrierte Interview wird auf Grundlage eines Leitfadens geführt, der ein wesentliches Element der Erhebungsmethode darstellt. Daneben sind aber auch Kurzfragebögen, Tonaufnahme und ein anschließendes Postskript für das jeweilige Interview weitere Erhebungsinstrumente.

Der Kurzfragebogen, welchen die zu interviewende Person vor dem Interview ausfüllt, dient in erster Linie der Ermittlung von personenbezogenen Daten wie Alter, Geschlecht, Beruf oder Religionszugehörigkeit. Durch einen solchen Kurzfragebogen wird das folgende Interview von diesen Fragen entlastet, und gleichzeitig enthält er Informationen, die einen anschließenden Gesprächseinstieg erleichtern können (Witzel 2000). Für diese Forschung wird auf das Element des Kurzfragebogens verzichtet, da die Daten schon bei der Kontaktaufnahme erfragt werden oder auch Teil der Einstiegsfrage des Leitfadens sind.

Im Leitfaden sind die Forschungsthemen in Blöcken festgehalten. Er dient als Gedächtnisstütze, Orientierungsrahmen und Kontrollhilfe und sichert die Vergleichbarkeit der Interviews. Trotz der enthaltenen Frageblöcke muss sich die Struktur derer der Praxis anpassen. So ist es sinnvoll, die Reihenfolge der Fragen im Gespräch situativ anzupassen. Der Leitfaden beinhaltet vorformulierte Fragen, die offen formuliert sind (Witzel 2000).

Um die Interviewinhalte präzise und authentisch zu dokumentieren, kann das Gespräch aufgezeichnet werden. Zur Aufnahme kann ein Smartphone mit Diktierfunktion oder ein eigens dafür ausgelegtes Diktiergerät verwendet werden. Wichtig ist dabei, dass der / dem Interviewpartner*in transparent kommuniziert wird, wann die Aufnahme gestartet wird und wann diese endet. Es empfiehlt sich außerdem, im Voraus die Zustimmung zur Audioaufnahme bei den Interviewpartner*innen zu erfragen (Witzel 2000). Die aufgezeichneten Dateien bieten dann die Grundlage für die nachfolgende Transkription, die mit dem hierfür vorgesehenen Programm ‚f4' durchgeführt wird.

Als Ergänzung zur Tonaufnahme wird unmittelbar nach dem Gespräch ein Postskript erstellt, bei welchem erste bemerkenswerte Auffälligkeiten notiert werden können. Dabei geht es auch um die Selbst- und Fremdwahrnehmung der eigenen Person in der Rolle als Interviewende, um die Dokumentation von situativen und nonverbalen Aspekten und von Gesprächsthemen, die vor und nach der Aufzeichnung anklangen. Auch wahrgenommene Schwerpunkte des Interviews werden erfasst. Genauer sind diese Punkte selbstverständlich erst nach dem Anhören der Aufnahme zu analysieren (Witzel 2000).

Abschließend zählt auch eine Datenschutzerklärung zum Instrumentarium des Interviews, wobei Witzel dies nicht in seinen Ausführungen erwähnt. In dieser Einwilligungserklärung sichern die zu interviewenden Personen ihre Bereitschaft zum Interview schriftlich zu, und bestätigen, dass sie über die Anonymitätswahrung bei der Auswertung sowie den sicheren Umgang mit den personenbezogenen Daten aufgeklärt wurden. Diese Erklärung schützt sowohl die forschende Person als auch die Interviewpartner*innen, verpflichtet jedoch auch gleichzeitig zum verantwortungsvollen und vorsichtigen Umgang mit den gewonnenen Daten.

4.2.2 Interviewführung

Die Interviewführung gestaltet sich beim problemzentrierten Interview einerseits aus erzählungsgenerierenden Kommunikationsstrategien, wie beispielsweise einem vorformulierten Gesprächseinstieg, sowie Ad-hoc-

Fragen und andererseits verständnisgenerierenden Strategien, die spezifische Sondierungen vornehmen. Hierzu gehören unter anderem Elemente der Spiegelung oder Verständnisfragen. Das Interview beginnt mit einer vorformulierten Einleitungsfrage, die offen gestellt ist und der interviewten Person einen Gesprächseinstieg erleichtern soll. Die / der Interviewte kann zum einen selbständig und frei entscheiden, welche Inhalte er / sie bereits thematisieren möchte und welche nicht oder eventuell zu einem späten Zeitraum zur Sprache kommen sollen (Witzel 2000). Da die Gruppe der Interviewpartner*innen in dieser Forschung nicht homogen ist, wurden zwei Leitfaden entwickelt, bei denen einige Fragen voneinander abweichen, es aber auch Überlappungen gibt. Die variierenden Einstiegsfragen lauten: „Sie arbeiten als [Berufsbezeichnung] im Bereich der Seniorenpastoral beziehungsweise Seniorenarbeit. Wie kamen Sie zu diesem Arbeitsbereich?" oder „Ich habe Sie ja für dieses Interview angefragt, weil Sie sich im Ruhestand befinden. Wie hat sich Ihr Alltag verändert?" Die Einstiegsfragen eignen sich in allen Interviews als guter Gesprächsbeginn und schneiden erste Themengebiete an, ohne diese schon dezidiert zu thematisieren. Im weiteren Verlauf der Interviews werden immer wieder erzählungsgenerierende Fragen gestellt, wie beispielsweise: „Was ist Ihnen denn, in Bezug auf Ihr Rentnerdasein, besonders wichtig geworden?", oder: „Welche Herausforderungen stellen sich Ihnen bei der Arbeit mit Senior*innen?" Ein Nachfragen von konkreten Erfahrungsbeispielen oder biografischen Episoden regt die Erinnerungsfähigkeit an und abstrakte Begriffe können mit praktischen Erlebnissen verknüpft werden. Ad-hoc-Fragen werden notwendig, um die Vergleichbarkeit gewisser Themenbereiche in den Interviews zu sichern (Witzel 2000) . Besonders bei den überlappenden Frageanteilen der Leitfaden dieser Forschung kommen Fragen dieser Art zum Tragen. Die abschließende Frage der Leitfaden dieser Forschung zählt ebenfalls zur Kategorie der erzählungsgenerierenden Fragen: „Nehmen wir an, es ist der XX.XX.2030. Wie stellen Sie sich Seniorenpastoral (für die Menschen Ihres Alters) vor?" Nochmals wird mit dieser Zukunftsfrage eine Narration angeregt, aber gleichzeitig regt sie zu einer Gesamtübersicht an und übergreift alle bisherigen Fragebereiche des Leitfadens.

Verständnisgenerierende Fragen werden gestellt, um der Interviewperson Selbstreflexion und eine eventuelle Korrektur ihrer eigenen Aussagen zu ermöglichen. Durch Zurückspiegelung und Verständnisfragen können außerdem Missverständnisse leichter aufgedeckt werden. Eine solche verständnisgenerierende Frage lautet beispielsweise: „Die Erzdiözese Freiburg verwendet als Überbegriff für die Pastoral für ältere Menschen den Begriff ‚Altenpastoral'. Was löst dieser bei Ihnen aus? Fühlen Sie sich angesprochen?" Durch eine Konfrontation mit Beobachtungen der forschenden Person können weitere Detaillierungen von Sichtweisen der Befragten gefördert werden (Witzel 2000).

Die Frage, wann erzählungsgenerierende oder verständnisgenerierende Fragen gestellt werden und wann es sinnvoll ist von der einen zur anderen zu wechseln, ist eine eher komplexe Aufgabe der Interviewführung. Zusammenfassend lässt sich sagen, dass erzählungsgenerierende Fragen Narrationen fördern. Das können verständnisgenerierende Fragen ebenfalls, sie verfügen darüber hinaus aber auch über die Möglichkeit, frühere Strukturen und Denkmuster der Interviewperson zu korrigieren oder zu erweitern. Eine gute Abstimmung beider Strategien ist wesentlich, um eigenes Vorwissen für das Generieren von Fragestellungen zu nutzen und gleichzeitig Aussagen der befragten Person offen aufzunehmen (Witzel 2000) .

4.2.3 Fazit

Das problemzentrierte Interview nach Witzel ist meiner Meinung nach einer Methode, welche sich sehr gut für die Erhebung der Interviewdaten eignet. Der vorgefertigte Leitfaden bietet Sicherheit und Strukturierung, aber dennoch auch genügend Freiraum und Flexibilität, um die Interviewperson mit ihren Erfahrungen und Sichtweisen in den Mittelpunkt zu stellen. Die Mischform aus induktivem und deduktivem Vorgehen ermöglicht eine Vergleichbarkeit, ohne die Äußerungen der interviewten Personen in vorgefertigte Kategorien zu pressen. Die Voraussetzung der vorläufigen Aneignung von Theorie empfinde ich als essenziell. Auch wenn dieses Wissen im Interview selbst nicht vorrangig mitgeteilt wird, bietet es dennoch eine Sicherheit bei der Interviewführung. Die Herausforderung in der Interviewpraxis liegt sicherlich im induktiven und deduktiven Wechselspiel. Trotz des angeeigneten theoretischen Wissens muss die Offenheit zur Modifikation dessen, durch Äußerungen der interviewten Person gegeben sein.

4.3 Beschreibung und Begründung des Feldzugangs

Vor der Datenerhebung in Form der Interviewführung gilt es sich zunächst der Betrachtung des Forschungsfeldes zu widmen. Ausgehend vom Ziel und der Fragestellung der Forschung wählt die forschende Person aus, wer oder was zum Feld gehört (Przyborski und Wohlrab-Sahr 2008). Im Fall dieser Forschung zählten hierzu Personen, die der Alterszielgruppe 65 bis 75 Jahre entsprachen und Personen, die aufgrund ihres beruflichen Kontextes in der Seniorenpastoral beziehungsweise -arbeit tätig sind. Die Absteckung des Feldes kann sich innerhalb des Forschungsprozesses durch Erweiterung oder Neuorientierung verändern (ebd.). So war es ursprünglich angedacht, neben den Senior*innen ausschließlich Mitarbeiter*innen aus dem pastoralen Kontext der Seniorenarbeit zu interviewen. Durch Recherchen und Überblicken der verschiedenen Kontexte entschied ich mich aber dazu, auch eine Person der außerkirchlichen Seniorenarbeit zu befragen, um ein breiteres Blickfeld zu erlangen und neue Aspekt, wie beispielsweise die Vernetzungen der Kommune mit der Kirche, aufzunehmen.

Der Zugang zu den Interviewpartner*innen erfolgte über verschiedene Wege, aber immer mit einer offenen Darlegung des Forschungsinteresses. Die Seniorin und den Senior konnte ich über persönliche Kontakte gewinnen und kontaktierte sie per Mail mit der Interviewanfrage. Die Mitarbeiter*innen der Seniorenpastoral sowie die Mitarbeiterin der außerkirchlichen Seniorenarbeit gewann ich durch Internetrecherche mit anschließendem Mailkontakt. Die Gewinnung einer pastoralen Mitarbeiterin beziehungsweise eines pastoralen Mitarbeiters gestaltete sich nicht einfach, da viele Homepages der betreffenden Seelsorgeeinheiten ausbaufähig sind oder die Zuständigkeiten für die Seniorenpastoral für mich nicht transparent waren. Nach zwei Absagen konnte ich durch eine offen formulierte Interviewanfrage an ein pastorales Team doch eine Interviewpartnerin gewinnen. In den Mails an die Interviewpartner*innen stellte ich mich vor und erläuterte in einem hierfür angefertigten Dokument mein Forschungsvorhaben beziehungsweise das Ziel der Bachelorarbeit, verbunden mit der Anfrage zum Interview. Ich hinterließ sowohl meine E-Mail-Adresse als auch meine Telefonnummer, sodass die angeschriebenen Personen mich auf unterschiedlichem Weg kontaktieren konnten. Alle ausgewählten Personen meldeten sich schnell zurück, wirkten interessiert und sicherten mir ihre Teilnahme an einem Interview zu. In einem weiteren Mailkontakt wurde der Termin und die Örtlichkeit des Interviews vereinbart, über die geplante Tonaufnahme aufgeklärt und um die Einwilligung gebeten, welche zusätzlich durch eine Datenschutzerklärung schriftlich festgehalten wurde. Die Sicherstellung der Anonymität und der vorsichtige Umgang mit den Daten wurden hierbei außerdem zugesichert. Durch die aktuell kursierende Corona-Pandemie und die sich zuspitzende Infektionslage, mussten drei Interviewtermine, die in den Büros der Interviewpartner*innen geplant waren, über den Videokonferenzdienst „Skype" geführt werden. Die Interviews mit den Senior*innen führte ich in der privaten Wohnung der jeweiligen Person.

4.4 Beschreibung des Samples

Insgesamt interviewte ich fünf Personen, die ich nach zuvor festgelegten Samplingkriterien auswählte. Dies waren eine Seniorin, ein Senior, eine Mitarbeiterin der Seniorenpastoral, ein Mitarbeiter des Diözesanverband für Seniorenpastoral, sowie eine Mitarbeiterin der außerkirchlichen, kommunalen Seniorenarbeit. Zwei Interviewpartner sind männlich, drei sind weiblich. Die Interviewpartner*innen haben unterschiedliche Berufsausbildungen, wobei alle ein Studium absolviert haben. Durch den Fokus auf die Seniorenpastoral für Menschen zwischen 65 und 75 Jahren wurde die Altersspanne bei den Senior*innen dementsprechend eingegrenzt. Ich achtete außerdem darauf, dass sowohl eine weibliche als auch eine männliche Person im Seniorenalter interviewt wurde. Überwiegend gehörten die Interviewpartner*innen der römisch-katholischen Kirche an, zwei der interviewten Personen sind auch evangelisch getauft. Räumlich wollte ich weder Personen aus einem sehr dörflichen geprägten Raum noch aus einer Großstadt interviewen. Gleichzeitig sollte der Abstand zwischen den einzelnen Wohn- beziehungsweise Tätigkeitsorten der Interviewpartner*innen nicht zu groß sein, weshalb die Interviewpartner*innen nun alle aus dem Raum Freiburg stammen. Die Seniorin befand sich zum Zeitpunkt des Interviews seit einem Jahr im Ruhestand, der Senior schon seit sieben Jahren. Die Interviewpartner*innen, welche aus dem beruflichen Kontext Zugang zur Seniorenpastoral und -arbeit haben, verfügen über unterschiedlich lange Berufserfahrung. Die Aufgabenfelder der Mitarbeiter*innen in der Seniorenpastoral und -arbeit variieren, aber decken somit eine Bandbreite dieses Feldes ab. Mit dem Mitarbeiter der diözesanen Leitstelle für Seniorenpastoral, und der Mitarbeiterin in der Seniorenpastoral in einer Seelsorgeeinheit sind außerdem zwei Organisationsebenen der kirchlichen Seniorenarbeit abgedeckt. Die Mitarbeiterin der kommunalen Seniorenarbeit brachte mit ihrer Erfahrung in der außerkirchlichen Tätigkeit neue Sichtweisen und Herangehensweisen ein, was die Bandbreite zusätzlich erweiterte.

Sicherlich wäre es bereichernd gewesen, zusätzlich auch ehrenamtlich Engagierte zu interviewen, und auch Senior*innen aus anderen Milieus hätten die Forschung pluralisiert. Aufgrund des zeitlichen Rahmens entschied ich mich jedoch für eine Anzahl von fünf Personen aus den oben beschriebenen Settings.

4.5 Beschreibung der Auswertungsmethode

Für die Auswertung des Interviewmaterials wird in einer qualitativen Forschung die Wahl einer Methode benötigt. Diese fiel in meinem Fall auf die qualitative Inhaltsanalyse nach Mayring (Mayring 2015). Das Ziel einer Inhaltsanalyse ist, allgemein gesprochen, die Analyse eines Materials, welches sich aus einer Art von Kommunikation ergibt. Hierzu erarbeitete Mayring eine strukturierte und durch Analyseschritte und Analyseregeln systematisch überprüfbare Vorgehensweise, welche im Folgenden beschrieben wird. Zunächst werden jedoch die zentralen Merkmale der qualitativen Inhaltsanalyse erläutert.

Ein erstes Merkmal besteht in der „*Einbettung des Materials in den Kommunikationszusammenhang*“ (Mayring 2015, S. 50) Das erhobene Material, in diesem Fall die transkribierten Interviews, wird hierbei immer in seinem Kommunikationszusammenhang gesehen und interpretiert. Zu diesem Zusammenhang gehören der Entstehungskontext des Materials, die Erfahrungen und Emotionen des Textverfassers und auch der soziokulturelle Hintergrund, in den die Forschung eingebettet ist (ebd.).

Das zweite Merkmal drückt sich im „*regelgeleiteten Vorgehen*“ (Mayring 2015, S. 50) aus, welches bestimmt, dass das Material nach vorab festgelegten Regeln analysiert wird. Einzelne Analyseschritte werden dabei definiert und in ihrer Reihenfolge festgelegt. Eingeordnet werden diese dann in ein Ablaufmodell der Analyse, welches immer wieder an das vorliegende Material angepasst werden muss. Das Vorgehen der qualitativen Inhaltsanalyse ist kein Standardverfahren. Das regelgeleitete Vorgehen hat in erster Linie den Zweck, „dass jeder Analyseschritt, jede Entscheidung im Auswertungsprozess, auf eine begründete und getestete Regel zurückgeführt werden kann“ (Mayring 2015, S. 51), und damit eine Nachvollziehbarkeit der Analyse auch für andere gegeben ist.

Als drittes Merkmal der qualitativen Inhaltsanalyse führt Mayring die „*Zentralität der Kategorien*“ (Mayring 2015, S. 51, Hervorhebung im Original) an. Das System der Kategorienbildung ist ein zentraler Punkt innerhalb des Analysegeschehens, da es das Material sinnvoll gliedert und überschaubar macht. Das Kategorisieren ermöglicht auch hier das Nachvollziehen der Analyse für andere und schafft gleichzeitig eine höhere Vergleichbarkeit der Ergebnisse (ebd.).

Das vierte Merkmal wird als „*Theoriegeleitetheit der Analyse*“ (Mayring 2015, S. 52) beschrieben und besagt, dass eine Analyse immer in den aktuellen Stand der Forschung und Theorien eingebunden sein muss.

Besonders die Explikation der Fragestellung unterliegt diesem Prinzip (ebd.).

Ein letztes zentrales Merkmal ist die Einschätzung der Ergebnisse der Analyse nach „*Güterkriterien*" (Mayring 2015, S. 53). Diese Güterkriterien werden benannt als Objektivität, Reliabilität und Validität. Auch hier ist das Ziel die Überprüfbarkeit und die Vergleichbarkeit der Analyseergebnisse. Eine besondere Bedeutung kommt in diesem Kontext der „*Intercoderreliabilität*" (ebd., S. 53, Hervorhebung im Original) zu, bei welcher mehrere Inhaltsanalytiker*innen unabhängig voneinander dasselbe Material auswerten und anschließend vergleichen. Ein solches Vorgehen kann Fehlerquellen aufdecken, ist jedoch bei manchen Forschungsvorhaben, gerade wenn nicht im Team gearbeitet wird, sehr aufwendig zu organisieren (ebd.).

Über die zentralen Merkmale der Inhaltsanalyse hinaus legt Mayring Grundtechniken fest, auf die im Folgenden eingegangen werden soll. Zu Beginn jeder Auswertung bedarf es einer genauen *Analyse des Ausgangsmaterials*. Im Wesentlichen unterscheidet Mayring bei dieser Bestimmung des Ausgangsmaterials drei Schritte:

1.) Zunächst muss das vorliegende Material definiert werden. Dabei muss häufig eine Auswahl aus einer größeren Menge an Material getroffen werden, wobei hierbei wichtig ist, dass die Grundgesamtheit der Aussagen genau definiert ist und das Sampling nicht willkürlich, sondern nach einem bestimmten Modell ausgewählt wird (Mayring 2015).

2.) Im zweiten Schritt müssen die Bedingungen, unter welchen das Material entstanden ist, beschrieben werden. „Dabei interessiert vor allem:

- der Verfasser bzw. die an der Entstehung des Materials beteiligten Interagenten.
- der emotionale, kognitive und Handlungshintergrund des/der Verfasser/innen.
- die Zielgruppe, in deren Richtung das Material verfasst wurde.
- die konkrete Entstehungssituation.
- der soziokulturelle Hintergrund“ (Mayring 2015, S. 55).

3.) Der dritte Schritt sieht die Beschreibung der Form des Materials vor, wobei diese meist einen niedergeschriebenen Text darstellt. Grundlage dieses Textes ist dabei oft eine Audiodatei, die mithilfe eines Transkriptionsprogramms verschriftlicht wurde. An dieser Stille erwähnt Mayring, das sein Text nicht zwingend von der/dem Autor*in selbst verfasst sein muss (Mayring 2015).

Als zweite Grundtechnik und nötigen Schritt im Analyseverfahren muss sich die Frage nach der Interpretation stellen. Was soll aus dem bestimmten Ausgangsmaterial herausinterpretiert werden? Um diese Frage beantworten zu können, bedarf es einer Bestimmung der Fragestellung, unter welcher ein Text analysiert werden kann. Auch hier gliedert Mayring in zwei Schritte:

1.) Das Material kann in verschieden Richtungen gewertet werden, weshalb es einer Bestimmung der *Richtung der Analyse* bedarf. Dabei kann der im Text behandelte Gegenstand beschrieben, oder Aussagen über die/den Textverfasser*in selbst getroffen werden. Beides ist möglich, muss jedoch vorab bestimmt werden (Mayring 2015).

2.) Wie bei den Merkmalen bereits erwähnt, zeichnet die qualitative Inhaltsanalyse eine Theoriegeleitetheit aus, die sich insbesondere auf die Fragestellung bezieht. Dies bedeutet, dass die Analyse einer genauen Fragestellung folgt, die vorab auf dem Hintergrund von Theorien und/oder Gegenständen aktueller Forschung formuliert werden muss (Mayring 2015) .

Im nächsten Schritt geht es nun darum, ein Ablaufmodell der Analyse zu erstellen, welches oben im Zusammenhang der Regelgeleitetheit bereits erwähnt wurde. Im Ablaufmodell liegt auch die besondere Stärke der qualitativen Inhaltsanalyse, da sie die Analyse in einzelne Interpretationsschritte zerlegt, welche bereits vorher festgelegt wurden. Dadurch wird die Analyse intersubjektiv nachvollziehbar, überprüfbar, gleichzeitig übertragbar und für andere nutzbar. Wie bereits erwähnt, ist ein Modell nicht universell für alle Analysen einsetzbar, aber Mayring erläutert dennoch ein Modell, welches als Orientierung gelten kann. Nachdem die ersten fünf Schritte (Festlegung des Materials, Analyse der Entstehungssituation, formale Charakteristika des Materials, Richtung der Analyse und theoretische Differenzierung der Fragestellung) durchgeführt wurden, erfolgt die Festlegung von Analyseeinheiten:

- „Die *Kodiereinheit* legt fest, welches der kleinste Materialbestandteil ist, der ausgewertet werden darf, was der minimale Textteil ist, der unter eine Kategorie fallen kann.
- Die *Kontexteinheit* legt den größten Textbestandteil fest, der unter eine Kategorie fallen kann.
- Die *Auswertungseinheit* legt fest, welche Textteile jeweils nacheinander ausgewertet werden“ (Mayring 2015, S. 61).

Anschließend an die bisherigen Schritte des Analyseverfahrens folgt nun ein weiterer, der sehr zentral ist: die Auswahl der Analysetechnik, deren Leistung in der Interpretation des Materials liegt. Hierbei unterscheidet Mayring „*drei Grundformen des Interpretierens* [...]: Zusammenfassung,

Explikation und Strukturierung" (Mayring 2015, S. 67). Diese drei Analysetechniken sind getrennt voneinander zu verstehen und nicht als nacheinander zu durchlaufende Schritte. Die / der Forschende entscheidet sich für eine der Techniken, die sie / er für geeignet angesichts der Forschungsfrage und des Materials hält. Im Rahmen der Forschung dieser Bachelorarbeit fiel die Wahl auf die Grundform der Zusammenfassung. Sie eignet sich hierfür besonders, da durch sie die inhaltlichen Aspekte des Materials besonders betrachtet werden können. Dabei ist das Ziel dieser Analyse, „das Material so zu reduzieren, dass die wesentlichen Inhalte erhalten bleiben, durch Abstraktion einen überschaubaren Corpus zu schaffen, der immer noch Abbild des Grundmaterials ist" (ebd., S. 67). Zum Grundprinzip der zusammenfassenden Inhaltsanalyse gehört die Reduktion in Form von Auslassungen, Generalisationen und Selektionen, wodurch das Material nicht nur zusammengefasst, sondern auch abstrahiert wird. Wichtig ist dabei, dass diese Abstraktion schrittweise geschieht und das anzustrebende Niveau zuvor festgelegt ist (ebd.).

Nachdem in den ersten Schritten der Analyse das Material betrachtet wurde, wird durch die Fragestellung festgelegt, was zusammengefasst werden soll. Dabei werden für eine erste Strukturierung Kategorien (oder auch Codes) definiert und in einem Codebuch festgehalten. Diese sollen dem Material gerecht werden, jedoch nicht zu detailliert ausfallen. Mit diesen Codes wird das gesamte Material durchgearbeitet und die Aussagen der Texte den jeweiligen passenden Codes zugeordnet. Der zweite Schritt im Ablaufmodell der zusammenfassenden Inhaltsanalyse besteht in der Paraphrasierung. Hierbei werden die Kodiereinheiten in eine knappe, nur auf den tragenden Inhalt beschränkte Form gebracht, sodass eine grammatikalische Kurzform entsteht. Im nächsten Schritt wird das vorliegende Material auf ein einheitliches Abstraktionsniveau gehoben. Hierfür wird eine erste Reduktion durchgeführt: die Generalisation. Inhaltsgleiche oder nicht aussagekräftige Paraphrasen können selektiert und weggelassen werden. Im zweiten Reduktionsschritt werden mehrere, über das gesamte Material verteilte Paraphrasen zusammengefasst und durch eine neue Aussage wiedergegeben. Nach diesen Reduktionsschritten muss dann geprüft werden, ob die Aussagen das Ausgangsmaterial noch repräsentieren oder durch die Abstraktion bereits zu sehr an Aussagekraft verloren haben. Eine weitere und dritte Reduktion kann vorgenommen werden, wenn das Material noch nicht das benötigte Abstraktionsniveau erreicht hat. Abschließend sollen alle Paraphrasen im erstellten Kategoriensystem aufgehen, was bedeutet, dass am Ende ein neues und knapperes Kategoriensystem stehen kann (Mayring 2015).

4.5.1 Beschreibung und Begründung des Vorgehens bei der Auswertung

Die Erhebungsmethode der qualitativen Inhaltsanalyse nach Mayring wurde inhaltlich beschrieben und bereits dargestellt, dass die Wahl der Analysetechnik auf die Form der Zusammenfassung fiel. Im Folgenden soll das Analysevorgehen innerhalb meiner Forschung dargestellt und begründet werden. Diese Vorgehensweise lässt sich in vier Schritte gliedern: Kodierung, Paraphrasierung, Generalisierung und Reduzierung des Forschungsmaterials.

Für den ersten Schritt der *Kodierung* sichtete ich das Material in Form von transkribierten Audiodateien und fügte es in das Programm MAXQDA ein. Dies ist eine Software zur qualitativen Daten- und Textanalyse und war über den gesamten Analyseprozess sehr hilfreich. Nachdem alle Interviewtranskripte eingefügt waren, verschaffte ich mir einen ersten Überblick über die Inhalte, bevor anschließend erste Codes gefunden werden konnten. Durch gemeinsame und unterschiedliche Aspekte konnte ich interviewübergreifende Codes bilden, die einer ersten Strukturierung der Interviews dienten und welchen ich jeweils eine Farbe zuwies, um einen noch besseren Überblick zu erhalten. Die Codes nicht zu detailliert zu definieren, ist eine herausfordernde, aber auch wichtige Aufgabe, um möglichst viele inhaltsähnliche Textpassagen zusammenfassen zu können. Mithilfe der Codebuch-Funktion, welche MAXQDA bietet, konnten die Inhalte, welche eine Anwendung des entsprechenden Codes definieren, festgehalten werden. Teilweise musste ich die Codes nochmal anpassen, umbenennen oder neue Codes hinzufügen, da weitere Inhalte thematisiert wurden, die nicht in einen bestehenden Code gefasst werden konnten.

Für den zweiten Schritt des *Paraphrasierens* nutze ich ebenfalls das Programm MAXQDA beziehungsweise die entsprechende Funktion. Bei dieser Funktion kann die Paraphrase der ausgewählten „inhaltstragenden Textstelle“ (Mayring 2015, S. 70) lediglich 255 Zeilen inklusive Leerzeilen umfassen, was hilfreich war, um nicht zu viele Inhalte des Textsegments in die Paraphrase aufzunehmen. Mit dem Ziel der Textbereinigung wurde der Inhalt des Gesagten in eigenen Worten formuliert, was mich vor die Herausforderung stellte, andere Formulierungen zu finden, gleichzeitig sinngemäß das Gleiche zu beschreiben, ohne eine Interpretation durchzuführen und dennoch keine tragenden Inhalte auszulassen. Neben der Umformulierung wurden die Textsegmente gekürzt und Bedeutungsloses, Wiederholungen oder für die Forschung unwichtige Sachverhalte ausgestrichen, um am Ende zu einer grammatikalischen Kurzform zu gelangen.

Der dritte Schritt der *Generalisierung* dient der Verallgemeinerung der Inhalte und dem Vereinheitlichen dieser auf ein Abstraktionsniveau. Hierfür wurden die bisherigen Schritte aus dem Programm MAXQDA in Form einer Excel-Tabelle exportiert und weitere Spalten eingefügt. Die Paraphrasen überarbeitete ich dann so, sodass die wichtigsten Aussagen bestehen blieben, aber nochmals deutlicher konkretisiert wurden. Beim Bilden der knappen und aussagekräftigen Sätze verspürte ich abermals die Herausforderung, keine wichtigen Inhalte auszuklammern.

Für den letzten Schritt der *Reduktion* betrachtete ich die Passagen, welche sich aus der Generalisierung ergaben. Wie die vorherigen Schritte dient auch dieser der Komprimierung des Textes, weshalb bedeutungsgleiche oder inhaltlich unwichtige Paraphrasen gestrichen wurden. Dies wurde in einer neuen Spalte „Reduktion und Operation“ vermerkt, indem ein kleines „u“ für unwichtig oder unpassend und ein kleines „d“ für doppelt notiert wurde. Ich wiederholte den Schritt der Reduktion einmal, um auf ein noch höheres Abstraktionsniveau zu gelangen. Innerhalb dieses Schrittes ist es die Aufgabe, übergeordnete Konzepte zu bilden, die später bei der Thesenbildung verwendet werden sollen. Um diese Konzepte zu bilden, zog ich meine Forschungsfrage und die Interviewleitfaden hinzu. Die vorläufigen Konzepte lehnten sich an diese an, wurden dann jedoch prozessartig, angelehnt an die Inhalte, umformuliert. In der neu eingefügten Spalte „Reduktion und Operation“ im Excel-Dokument ordnete ich die Konzepte den aus der Generalisierung entstandenen Aussagen zu.

4.5.2 Fazit

Die qualitative Inhaltsanalyse nach Mayring ist durch ihre hohe Strukturiertheit und das kleinschrittige Analyseverfahren eine Auswertungsmethode, die besonders für mich als Forschungsanfängerin gut geeignet war. Das vorgegebene Schema gibt Sicherheit und ermöglicht ein regelgeleitetes Arbeiten. Auch für dritte bietet die qualitative Inhaltsanalyse nach Mayring Nachvollziehbarkeit und Überprüfbarkeit. Durch das Kodieren, die fortschreitende Reduktion und das Bilden von Konzepten ist ein tiefes Eintauchen in das Interviewmaterial möglich, wodurch eine hohe Vertrautheit mit ihm erreicht wird. Das Abstrahieren des Inhaltes auf kurze und prägnante Aussagen war jedoch, wie bereits im obigen Punkt erwähnt, eine große Herausforderung. Es könnte sein, dass relevante Inhalte durch den Reduktionsprozess ausgelassen werden. Die hohe Regelgeleitetheit mit der kleinschrittigen Vorgehensweise, die einerseits Sicherheit und Unterstützung bietet, wirkte teilweise auch etwas einschränkend. Die Analyse erfordert dann ein hohes Selbstbewusstsein mit der Überzeugung, das eigene Material gut zu kennen und daher auch richtig auszuwerten.

Trotz einiger Herausforderungen und anfänglicher Unsicherheiten war die qualitative Inhaltsanalyse nach Mayring die passende Auswertungsmethode für mich und das Forschungsvorhaben.

4.6 Ergebnisse der Forschung

Nachfolgend werden zentrale Ergebnisse der Forschung präsentiert. Die Ergebnisdarstellung erfolgt anhand von zehn Thesen, die jeweils mit Ankerbeispielen belegt und kurz erläutert und kommentiert werden. Anschließend werden die Ergebnisse zusammengefasst, bevor sie unter Einbeziehung der zuvor dargelegten theoretischen Grundlagen und Theorien reflektiert, diskutiert und einer kritischen Überprüfung unterzogen werden.

Bevor die Darstellung der Ergebnisse mithilfe von Thesen erfolgt, soll nochmals in Erinnerung gerufen werden, dass bei der Bezeichnung von

„Senior*innen" oder „Menschen im Seniorenalter" immer Menschen zwischen 65 und 75 Jahren gemeint sind. Sind Personen anderer Altersgruppen gemeint, wird dies explizit erwähnt.

4.6.1 Darstellung der Ergebnisse

These 1: Menschen im Seniorenalter fühlen sich nicht von Seniorenpastoral angesprochen und können sich (noch) nicht damit identifizieren.

Bei den Interviews mit der Seniorin und dem Senior wurde deutlich, dass eine Identifikation mit den Angeboten der Seniorenpastoral nicht oder nur in geringem Maß stattfindet. Sie begreifen sich noch nicht als Zielgruppe der Seniorenpastoral, zu welcher nach ihrer Definition eher Menschen mit Unterstützungsbedarf zählen.

> *„Im Moment noch nicht. Im Moment noch nicht. Dafür, hab ich ja vorhin erzählt, was ich noch mach einfach und was mir gefällt, was mich wahrscheinlich auch halbwegs gesund erhält oder so noch auch im Moment. Ich bin noch nicht, das Wort ‚Hinfällig' würde jetzt bei mir noch nicht zutreffen."* (Interview Senior)

Aber auch das Eingebundensein in ein bisher sehr aktives und ausgefülltes Leben nennt eine Interviewperson als Grund, weshalb sie sich nicht von den Angeboten angesprochen fühlt:

> *„I: Und fühlst du dich angesprochen von diesen Angeboten? [B: [schüttelt Kopf] Ne.] Warum?*
>
> *B: Weil ich genug anderes noch hab. Also ich glaube, wenn ich das vielleicht nicht hätte, dann würde ich da schon auch hingehen, aber ich hab einfach andere Dinge."* (Interview Seniorin)

Die Mitarbeiter*innen der Seniorenpastoral und -arbeit sehen ebenfalls im aktiven Lebensstil vieler Senior*innen den Grund für die geringe Identifikation mit Angeboten der Seniorenpastoral, besonders mit traditionellen Angeboten wie dem Seniorennachmittag.

> *„[…] Also die Menschen, sagen wir mal plus, minus 60, die tummeln sich hier ja ganz viel. Des isch schon fast ne katholische Hauptzielgruppe. Die würden jetzt niemals sagen: Wir suchen was unter der Überschrift Seniorenarbeit. Sondern die suchen entweder alternative Gottesdienstangebote, Gesprächskreise, Themen, die Frauen ansprechen. Solche Geschichten. Also die suchen eher/. Oder Bildungsarbeit. Die suchen eher themenbezogen Angebote, die sie ansprechen. Die würden jetzt nid zu nem regelmäßig stattfindenden Seniorennachmittag kommen. Weil die haben diese Notwenigkeit, ich sag jetzt mal die Notwendigkeit der tagesstrukturierenden Maßnahmen noch nid so wirklich. Sie sind mobil, die haben nen Auto, sie haben ein Partner, die haben Familie, die haben Möglichkeiten, die sind für Seniorenarbeit nicht ansprechbar. Für die klassische Form der Seniorenarbeit."* (Interview Mitarbeiterin Seniorenpastoral SE)

Auch der Mitarbeiter der Seniorenpastoral auf diözesaner Ebene bestätigt diese Beobachtung:

> *„Und ich glaube, dass wirklich vor allem dieses überhaupt nicht getroffene Lebensgefühl das dann ist. ‚Mein Alltag ist doch nicht so wie bei Alten. Und deswegen geh ich auch nicht zum Seniorennachmittag. Ich kann auch noch im Dunkeln abends raus. Es muss bei mir nicht um 17:30 Uhr vorbei sein, weil ich um 18 Uhr Abendessen brauche.' Oder ja, solche Dinge sind da glaube ich da. Oder man hat da gar keine Zeit dazu, der Terminkalender ist zu voll. Weil*

das ja auch nicht mehr stimmt, dass die total viel Zeit haben." (Interview Mitarbeiter Seniorenpastoral Diözesanebene)

Ein weiteres Motiv, warum Angebote nicht oder nur gering aufgesucht werden, wird auch im Bild von Alter vermutet, welches der immer noch geläufige Begriff „Altenpastoral" vermittelt, und mit welchem sich junge Senior*innen nicht identifizieren können.

„Alt ist doch auch ganz positiv. Antiquitäten, Altehrwürdig, Altvordere, was weiß ich. Aber ich glaube, es drückt eben für viele nicht ihr Lebensgefühl aus. Das ist wirklich das Hauptproblem. Gar nicht, weil der Begriff total negativ besetzt wäre, aber weil ich mich nicht damit identifiziere. Ja. Also vielleicht eben ab dem Punkt, wo ich mich alt fühle. Aber es geht mehr um ein Gefühl, als um eine Zugehörigkeit zu einer Generation oder Altersgruppe wo man sagt: ‚Ahja und wir sind ja jetzt die Alten'." (Interview Mitarbeiter Seniorenpastoral Diözesanebene)

These 2: Beteiligungsmöglichkeiten werden reinem ‚Konsumangebot' vorgezogen.

Beim Auswerten der Ergebnisse stellte sich die Einschätzung der Interviewpartner*innen heraus, dass sich Senior*innen, falls sie sich der Seniorenpastoral oder -arbeit zuwenden, eher aktiv beteiligen wollen, statt ein Angebot nur zu konsumieren. So betont ein Interviewpartner:

„Hinzugehen und nix mehr zu machen, also wenn wir jetzt nicht mehr Reisemobil fahren können, irgendwann ist das mal so weit, das werde ich mit Sicherheit NICHT. Sondern ich hätte mir sonst, wenn wir jetzt das Hobby nicht hätten, hätte ich mir für mich vorstellen können, dass ich zum Beispiel bei der Tafel mitmache oder dass ich jetzt beim Bürgerbus mitmache als Fahrer. Sie suchen ja nen

Fahrer jetzt hier. Das würde ich dann schon machen. Weil nur hier sitzen und zu kucken wie das Unkraut wächst oder so, das ist nix für mich jetzt dann. Klar, natürlich, die Enkel. Aber das würde man nebenher machen können. Das kann man organisieren.“ (Interview Senior)

Der Interviewpartner möchte seine Fähigkeiten einbringen und so aktiv an Angeboten teilnehmen und diese gestalten. Auf diesen Aspekt wird eine weitere These noch vertieft eingehen.

Auch die Interviewpartnerin, welche sich im Seniorenalter befindet betont dies, indem sie beschreibt, dass sie ihre Aktivitäten nicht nur so gestalten möchte, dass sie etwas für sich tut, sondern auch stets die anderen Menschen im Blick haben möchte.

> *„Was ich festgestellt habe in dieser Zeit ist, also ich hab Freundinnen, die gehen drei Mal die Woche zum Sport. Ins Studio, joggen oder walken oder alles Mögliche und die sagen: ‚Du gehst auch mit. Am Dienstagmorgen gehen wir dort hin und so und so.‘ […] Und dann hab ich gemerkt: Das ist nicht meins. Das bin ich nicht. Ich will meine Zeit sinnvoller verbringen als/, ich will nicht sagen, dass das für die nicht sinnvoll isch, aber nicht, als nur an mich zu denken. Nicht: Ich will das ICH fit bleib, dass ICH sportlich bin. Ich möchte meine Zeit auch noch für andere Menschen einbringen. […] Also ich bin nicht diejenige, die nur auf Vernissagen geht. Das mach ich auch oder mal ins Kino. Aber nicht die, die nur des kuckt, was will ICH jetzt. Sondern ich möchte auch noch eine Aufgabe haben, wo ich für andere was machen kann […].“* (Interview Seniorin)

Die Mitarbeiter*innen der Seniorenpastoral und -arbeit beobachten diese Beteiligungstendenzen ebenfalls:

> *„Also ich glaub, die Zielgruppe ist eher noch für diese aktive Arbeit und nicht als Zielgruppe für: ich biete was an“* (Interview Mitarbeiter Seniorenpastoral Diözesanebene).

Dennoch gibt es auch Feststellungen darüber, dass es durchaus Senior*innen gibt, die kein Interesse daran haben, sich aktiv zu beteiligen.

> *„Und gleichzeitig wird es auch immer Leute geben, die genau das nicht machen wollen, sondern sich zurücklehne wollen und denen eigentlich jede Gruppendynamik eigentlich schon zu viel ist.“* (Interview Mitarbeiterin Seniorenpastoral SE)

Aus dieser Mischung der Bedürfnisse nach (Nicht-)Beteiligung ergibt sich für einen Interviewpartner folgende Fragestellung:

> *„Das ist, glaube ich, tatsächlich die große Aufgabe. Wie kann von dem, an vielen Orten immer noch bewährten Modell von diesem Seniorennachmittagen mit Vortrag, vielleicht ein bisschen Diskussion und Hauptsache Kaffee und Kuchen, jetzt mal ganz überspitzt gesagt, ja [lacht], wie kann da sozusagen dran festgehalten werden für diejenigen, die genau das suchen und da auch Gemeinschaft erfahren können, ohne das aber damit der Weg versperrt ist, dass auch was Neues entstehen kann für Menschen zwischen 60 und 100.“* (Interview Mitarbeiter Seniorenpastoral Diözesanebene)

These 3: Die Bedürfnisse von Menschen im Seniorenalter sind plural und es gibt keine einheitliche Zielgruppendefinition.

Im Zentrum der Fragestellung steht unter anderem, welche Bedürfnisse die Menschen zwischen 65 und 75 empfinden und wie Seniorenpastoral auf jene eingehen kann. Zentral ist, dass es eine starke Pluralität an Bedürfnissen der Menschen im Seniorenalter gibt und sich daher keine einheitliche Zielgruppendefinition festlegen lässt. Diese Feststellung wurde in allen drei Interviews mit den Mitarbeiter*innen in Seniorenpastoral und -arbeit betont.

> *„Also zum einen ist es eben immer die Frage ‚die Senioren'. Also es gibt nicht DIE Senioren. Es gibt welche, die sind einfach fit, die gehen selber noch in ihren Sport, die gehen wandern, die gehen turnen, die gehen Rad fahren und die brauchen auch sonst nix. Die organisieren sich selber und sind da aktiv und fit und die brauchen nix."* (Interview Mitarbeiterin außerkirchliche Seniorenarbeit)

> *„Ähm ist sicher schwer zu sagen, beziehungsweise pauschal zu beantworten."* (Interview Mitarbeiter Seniorenpastoral Diözesaneben)

Auf die Frage hin, wer Angebote der Seniorenpastoral wahrnimmt, bestätigt eine Interviewpartnerin die Unmöglichkeit einer einheitlichen Zielgruppendefinition:

> *„Da gibt's keine allgemeine Antwort. Da kommt alles Mögliche. Es sind vor allem Frauen, weil Frauen in unserer Gesellschaft älter werden. Vereinzelt Ehepaare, ganz wenig einzelne Männer, viel Witwen. Und jetzt von dem was des für Leute sind, des isch tatsächlich ganz unterschiedlich. Da sind sehr gebildete und kluge Frauen dabei, Lehrerin, Medizinerin, aber auch zum Beispiel Frauen, die so nen Aussiedlerhintergrund haben mit ner/. Also ich mach ja dann auch religiöse Themen, wo man's dann auch merkt, diese religiöse Prägung, die dann ganz unterschiedlich isch. Also da gibt's nix, was man jetzt allgemein sagen könnte."* (Interview Mitarbeiterin Seniorenpastoral SE)

Dennoch gaben die Interviewpartner*innen auch an, dass die Teilnehmer*innen der bisher bestehenden Angebote von Seniorenpastoral und -

arbeit eher weiblich, verwitwet und tendenziell über viele Ressourcen verfügen.

> *„Wie gesagt, also es war sicher bis vor 10, 15 Jahren auf jeden Fall noch so, dass eher viele Frauen kamen und das, obwohl noch verheiratet, eher alleine gemacht haben oder eben auch verwitwete Frauen das waren, was ja wirklich in dem Alter, das jetzt aktuell da ist, auch nicht unwahrscheinlich ist."* (Mitarbeiter Seniorenpastoral Diözesanebene)

> *„Es sind (.), also ich glaube, wenn Sie sich dieses Erklärvideo ja angeschaut haben, ich würde sagen Alleinstehende schon oder Verwitwete eben in dem entsprechenden Alter was ich schon genannt habe, aber es gibt sicher so einige Leute, die da so nen bisschen fehlen. Ich glaub auch häufig, dass nicht unbedingt Leute kommen, die jetzt von ihren sozioökonomischen Verhältnissen schlechter dastehen. Weil selbst wenn es nur ein Spendenkässchen gibt, die Scham doch auch zu groß ist. Gerade noch in dem Alter. Das Gefühl: ‚Ich ess hier Kuchen und tu nichts rein' oder so. Oder das Angebote eben doch mal 5 Euro kosten und das eigentlich schon zu viel ist oder gefühlt zu viel ist. Und dann das Angebot aber für die 5 Euro offensichtlich nicht attraktiv genug ist, um trotzdem hin zu gehen."* (Mitarbeiter Seniorenpastoral Diözesanebene)

Eine Interviewpartnerin betonte auch die Schwierigkeit Menschen zu erreichen, die in einem gewissen Alter angekommen, aber alleinstehend sind. Ehepaare und Freund*innengruppen sind dagegen eher ansprechbar.

> *„Ähm es ist wirklich schwierig die Menschen anzusprechen, die man eigentlich ansprechen will. Also die, die zuhause sitzen, alleine, und niemanden haben. Schafft man trotzdem eigentlich nur,*

wenn man irgendeinen Zugang als Direktansprache hat. Das heißt, irgendeine Bekannte, eine Freundin, eine Tochter, ein Sohn, der sagt ‚und jetzt gehe ich das erst Mal mit dir dahin Mama.' Also von sich aus wird ne 70-Jährige Frau, die alleine wohnt, nicht kommen. Als Ehepaar schon wieder eher. Oder es gab halt doch so ne Gruppe von irgendwie fünf Frauen, die halt Freundinnen sind und gesagt haben ‚oh, das kucken wir uns mal an' und das ist ja auch gut, dass die dann Anschluss finden und irgendwie kucken. Aber die, die wirklich ganz alleine sind, an die ist echt schwer ran zu kommen." (Mitarbeiterin außerkirchliche Seniorenarbeit)

Trotz der Pluralität der Hintergründe und Biografien der Menschen, die an den Angeboten teilnehmen, trafen die Interviewpartner*innen Aussagen über das Alter der Teilnehmerschaft.

„Insgesamt muss man aber sagen, dass schon eher in Richtung Hochaltrigkeit die Teilnehmerschaft orientiert ist so insgesamt. Eher ab 80. Selbst in Altenwerksleitungen gibt's Leute, die auf die 90 zugehen oder drüber sind." (Mitarbeiter Seniorenpastoral Diözesanebene)

Eine andere Interviewpartnerin beobachtet ähnliche Altersstrukturen und nimmt diese als Herausforderung wahr:

„Die meisten Menschen, die in der Seniorenarbeit sind, sind hochaltrig. Des Problem von Seniorenarbeit ist ja des, dass die Menschen erst dorthin gehen, wenn sie wirklich uralt sind. Weil vorher isch des ja rufschädigend zum Seniorennachmittag zu gehen. Und diese hochaltrigen Menschen, des sind die, die grad noch so kurz vorm Altersheim so quasi, die noch Zuhause sind, aber mit ner hohen Herausforderung." (Mitarbeiterin Seniorenpastoral SE)

Hierbei lässt sich also erkennen, dass Menschen im Alter zwischen 65 und 75 kaum als Teilnehmer*innen, sondern, wie in These 2 bereits angeklungen ist, eher als Mitwirkende in Seniorenpastoral und -arbeit wahrgenommen werden.

Die Aktivitäten und Aufgaben, die viele Senior*innen haben, klangen auch schon in der ersten These an und spiegeln sich in den Bedürfnissen, die die Interviewpartner*innen formulierten, wider. Auch wenn diese in vielem unterschiedlich waren, sind für sie soziale Kontakte zu Familie oder Freunden ein wichtiges Bedürfnis. Sie geben ihnen eine Aufgabe und bewahren sie vor Einsamkeit.

> *„Ganz wichtig ist mir geworden, dass ich die Sozialkontakte, die leider gelitten haben und während der Dienstzeit, das ist leider so, dass ich die wirklich wieder pflegen kann. Und das machen wir ausgiebig. Also ich, meine Freundinnen, wir haben natürlich auch gemeinsame Freunde, dass wir uns ganz oft verabreden, zusammen kochen. [...] Also des isch was ganz Schönes, wofür ich jetzt Zeit hab. Diese Beziehungen wieder zu pflegen. Das ist toll, ja."* (Interview Seniorin)

> *„Also du brauchst, wenn du jetzt in Rente bist, wirklich was. Wir brauchen unsere Freunde, das merken wir. Wir haben ja keine Kinder hier. Meine Geschwister leben nicht hier, mein Mann hat auch ne Schwester, die aber auch nicht hier lebt. Also wir haben niemanden hier von der Verwandtschaft. Und da sind Freunde Familie. Und das braucht es. Sonst bist du einsam. Also das ist ganz sicher so."* (Interview Seniorin)

Die Großelternaufgabe ist für den Interviewpartner im Seniorenalter sogar an die Stelle des Berufs getreten:

> *„Naja (.). Okay, ich mein, der Beruf natürlich, klar, der ist jetzt nicht mehr da. Früher hab ich immer gesagt für mich ist der Beruf und die Familie gleich wichtig. […] An die Stelle eben ist mehr die Familie getreten dann also. […] Das ist ja, das ist jetzt ja fast der Hauptzweck den wir haben.“* (Interview Senior)

Beide Senior*innen berichten von mehr freier Zeit, über die sie durch die Verrentung verfügen, und mit welcher eine große Freiheit einhergeht:

> *„Ähm ja, sagen wir mal man hat natürlich mehr Freizeit. Das ist ganz klar. Man hat jetzt auch wieder neue Betätigungsfelder bekommen. Die wichtigsten im familiären Bereich eben. Die jüngere Tochter verheiratet, mit zwei Kindern, also unseren Enkeln. Wir sind sehr froh, dass wir nur 30 Autominuten entfernt von denen wohnen, [Stadtteil der nächstgelegenen größeren Stadt], so dass wir sie öfters sehen können.“* (Interview Senior)

> *„Also mein Alltag hat sich natürlich dahingehend verändert, dass ich ne große Freiheit spüre. Ich kann meinen Alltag selber strukturieren, gestalten, kann ja sagen oder nein, das mach ich oder das mach ich nicht. Das finde ich, ist so ne Freiheit, die ich nur als Kindergartenkind erlebt hab. Ich kann in den Kindergarten, ich darf spielen. Mit Schulbeginn muss man. Also da muss man was lernen, muss man Hausaufgaben machen und das ging dann so weiter. Und jetzt empfinde ich wieder so ne ganz persönliche Freiheit eigentlich. […] Also die Zeit gestaltet sich für mich in ner großen Freiheit. […] Wichtig finde ich für mich, dass durch dieses nicht mehr berufstätig sein ich einfach auch noch andere Aufgaben hab. Und das prägt auch noch nen bissle so den Alltag.“* (Interview Seniorin)

Diese Freiheit beschreiben beide Interviewpartner*innen als positiv und möchten sie, trotz der Aufgaben, die sie wahrnehmen, bewahren.

„Freiräume für uns und nicht 12 Monate am Stück eingespannt sein, was ja häufig bei Großeltern der Fall ist. Das weiß auch gerade die [Tochter]. Die [Tochter] hat dann schon gesagt ‚Ihr wisst schon, dass ihr auch Großeltern seid.‘ So ungefähr. Aber es wird akzeptiert, dass wir dann eben auch weg sind.“ (Interview Senior)

These 4: Für viele Senior*innen ist ein ehrenamtliches Engagement vorstellbar, aber oft zu zeitintensiv.

Die vierte Ergebnisthese der Forschung scheint zunächst etwas widersprüchlich zur zweiten These zu sein. Einerseits möchten sich Senior*innen beteiligen, statt nur zu konsumieren, und können sich ein Engagement durchaus vorstellen, andererseits sind diese oft zu zeitintensiv, sodass sie ihren anderen Bedürfnissen nicht nachkommen könnten.

„Im Moment könnte ich nicht die Ansprüche, die an so nen Job, wenn ich da mitmachen würde auf ehrenamtlicher Basis, nicht erfüllen. Weil ich einfach sagen würde, okay, dann sind wir nicht da und dann müsst ihr's wiederrum machen und deswegen fang ich gar nicht gleich mit sowas an. Vielleicht gibt's ja sogar Unmut dann, dass die anderen sagen ‚Der Kerle ist nur unterwegs, der ist und keine große Hilfe‘ oder so.“ (Interview Senior)

Auch die Interviewpartnerin aus der Seniorenpastoral erkennt dieses Dilemma:

„Ich versteh's auch gut. Wir brauchen ja dafür Menschen zwischen 65 und 75, würde ich jetzt mal sagen, und des isch genau die Altersspanne, wo Menschen Enkel haben und nochmal investieren in ihre Familie. Des wird mir so bewusst. Die haben ein relativ kleines Zeitfenster. Die sind nimmer bereit, sich vollzuschaufeln mit Pflichten, und wollen für ihre Familie flexibel sein. Das war jetzt schon

> *mehrfach der Grund, dass jemand gesagt hat ‚Eh ne, des isch mir ne zu große regelmäßige Verpflichtung.‘ Ja.“* (Interview Mitarbeiterin Seniorenpastoral SE)

Die Konsequenz daraus, dass sich faktisch nicht mehr viele Menschen in den gewohnten Engagementformen einbringen wollen, zeigt sich dann im Wegbrechen von Angeboten. Diese Problematik bereitet den Mitarbeitenden der Seniorenpastoral und -arbeit Sorgen.

> *„Und das ist ein Extrembeispiel davon, wie erstens offensichtlich Begleitung von Ehrenamt nicht funktioniert hat. Meine Vermutung, weil die Seniorenarbeit seit Jahrzehnten gut und gleich gelaufen ist und man da gar nicht mehr danach schauen musste von Seiten der Hauptamtlichen, und zweitens, dass einfach diese Nachfolge zu finden, offensichtlich ne Aufgabe ist, […] dass da entweder die Bedeutung davon nicht gesehen wurde, dass jetzt die Gruppe weiterlaufen soll, dass vielleicht aber auch, das sind jetzt verschiedene Vermutungen, es versucht wurde und auch niemand gefunden worden ist und der Grund dafür, dass Leute nicht gefunden werden, ist sicherlich, dass es so viel ist.“* (Interview Mitarbeiter Seniorenpastoral Diözesanebene)

> *„Aber es wird schwieriger, die noch fürs Ehrenamt zu gewinnen. Und die, die aktuell ehrenamtlich sind, schaffen es bald nicht mehr vom Alter her. Also auch unser so toller Stadtseniorenrat. […] Wir haben eine ganz aktive Seniorin, die ist im Förderverein […]. Die ist Ende 70 und lag jetzt in den letzten drei Monaten zwei Mal im Krankenhaus. Da ist keine Nachfolge in Sicht. Also mir macht, ja, das macht mir Sorge, wie wir vielleicht in fünf bis zehn Jahren da stehen. Mit dem Ehrenamt. Und darauf aufbauend im Prinzip dann die Nachfolgeproblematik. Die die dann eigentlich jemanden brauchen,*

wen haben die dann? Das, was die Gesellschaft insgesamt im Prinzip herausfordert." (Mitarbeiterin außerkirchliche Seniorenarbeit)

These 5: Seniorenpastoral muss bedürfnis-, interessen-, und lebensorientiert sein und Freiräume bieten.

Ein fünftes, sehr wesentliches Ergebnis, bezieht sich auf die Vorstellungen der Interviewpartner*innen, wie Seniorenpastoral konzipiert sein muss, um Menschen ab 65 zu erreichen, nämlich bedürfnis-, interessen- und lebensorientiert.

Eine Interviewpartnerin betont, dass klassische Angebote wie Seniorennachmittage ihre Daseinsberechtigung haben und auch weiter haben sollen. Allerdings reichen sie nicht aus – Seniorenpastoral und -arbeit muss vielfältigere Angebote bereitstellen, die näher am Menschen sind.

> *„Aber eben genau das. Also, dass ist das, was ich mein. Es braucht auch, aber die gibt es, diese Seniorennachmittagscafés, die braucht's schon auch noch. Die gibt es aber. Aber es braucht mehr Angebote, themenbezogen oder eben projektbezogen."* (Mitarbeiterin außerkirchliche Seniorenarbeit)

Ein*e Interviewpartner*in betont im Zusammenhang der interessenorientierten Pastoral auch die Selbstverantwortung und Selbstorganisation. Die Freiheit der Menschen, das auszuleben, was sie brauchen, steht im Vordergrund und muss in kein bisher existierendes Bild von Seniorenpastoral passen.

> *„Und deswegen was ganz Neues zu initiieren, geht natürlich nicht ohne das Interesse von Ehrenamtlichen und das Interesse von möglichen Teilnehmenden. Aber das würde man ja vorher abchecken. Also was für Interessen sind da? Und dann zu sagen: Ja,*

dann macht doch zu fünft das mal. Und wir versichern: Ihr seid ehrenamtlich hier und kriegt Unterstützung. Und zu sagen: Hier ist ganz viel möglich und euch stehen die Türen offen. Ihr kriegt nen Schlüssel zum Gemeindehaus. […] Und einfach das Vertrauen zu haben: ‚Wir dürfen hier Teil der Gemeinde sein, aber so, wie wir uns das vorstellen, und werden nicht in irgendnen Bild gedrängt.' Was ja oftmals gar nicht gewollt ist, aber was faktisch rüberkommt durch die Form, wie Seniorenarbeit in den Kirchengemeinden heute meistens aussieht." (Mitarbeiter Seniorenpastoral Diözesanebene)

Die Teilnahme, aber auch das Engagement bei einem Angebot, ist für einen der Interviewpartner*innen im Optimalfall gar nicht mehr nur altersabhängig. Ein Angebot wird dann wahrgenommen, wenn es das Interesse der / des Senior*in anspricht und relevant für das eigene Leben erscheint.

„Ich glaube, da muss nen Blick darauf geworfen werden. Aber eben nicht zu sagen: ‚So und für alle ab 65 haben wir das, und alles andere braucht euch nicht mehr zu interessieren.' Also das noch dazu. Man wird sich nicht mehr/, also genau. Da wird man eben vom Interesse und vom Lebensgefühl ausgehen müssen, wer woran teilnehmen darf." (Mitarbeiter Seniorenpastoral Diözesanebene)

„Also ich hoffe, […] dass es Menschen gibt, die sich aktiv engagieren und einbringen und zwar mit dem, was sie wirklich interessiert und woran sie Lust haben und mit möglichst geringem Anteil von Sachen, die sozusagen so sein müssen. Man kommt um Rahmenbedingungen nie herum, kann man nie ganz ausschließen, aber dass sozusagen dieses Engagement in der Seniorenpastoral und jetzt eben nicht in ner Altenarbeit, die für Bedürftige was tut, sondern mit Gleichgesinnten oder mit anderen Interessierten oder auch

> *grad mit Leuten, die nicht gleichgesinnt sind. […] Und das aber sozusagen für die Frage: ‚Läuft überhaupt was?', hauptamtliche Ressourcen da sind zu schauen und die müssen gar nicht dann rein auf die Seniorenpastoral bezogen sein oder nur auf die Altersgruppe 60 bis 100, sondern differenzierter, beziehungsweise undifferenzierter. Also eigentlich beides [lacht]. Weil differenzierter insofern, als dass innerhalb dieser Altersgruppe natürlich viel mehr Differenzierungen möglich sind, aber eigentlich für mich hoffentlich in 20 Jahren nicht mehr so sehr die Frage ist: ‚Wie alt bist du, sondern: Was ist dein Interesse?' Sowohl für die Engagierten als auch für diejenigen, die teilnehmen wollen."* (Mitarbeiter Seniorenpastoral Diözesanebene)

Trotz der Zukunftswünsche und Ideen zur Änderung scheint es in der Vergangenheit bereits einen Wandel in der Seniorenpastoral und -arbeit gegeben zu haben, der jedoch noch nicht ausreichend in alle Strukturen der Seniorenpastoral und -arbeit gedrungen ist. Gibt es einen Wandel, ist dieser meist von Einzelpersonen angestoßen, wie das zweite Ankerbeispiel aussagt.

> *„Ähm also eine kleine Veränderung, die ich absolut wichtig find, isch dieser Stil von vor zehn, 15 Jahren. Wir hören einen Vortrag, schlafen dabei ein, trinken Kaffee, essen Kuchen, essen anschließend noch nen Wienerle und gehen wieder heim. Des war schon so ne bissle nen Seniorenarbeitsstandard und den finde ich nid ganz so glücklich. Und an beiden Orten, an denen ich war hab ich so ein bissel was dafür getan, dass es nen bissle nen kommunikativeres Setting wird. Wo die Menschen auch was für ihr Leben haben. Also nid nur wir unterhalten sie oder wir machen irgendein Vortrag, der*

ihnen eigentlich für ihr Leben, naja, begrenzt was bringt." (Mitarbeiterin Seniorenpastoral SE)

„Bis vor fünf bis zehn Jahren war's halt so dieses ‚Hey, wir machen Angebote und ihr nehmt die halt an oder nicht.' Und mittlerweile denkt man halt eher von unten, das heißt, wir kucken, wo habt ihr Interessen, wo könnt ihr euch auch einbringen? Und wenn das jetzt jemand ist, der ist ‚Ich will nen Gitarrenkurs machen und ich kann das Leuten beibringen', dann gibt's halt nen Gitarrenkurs. Wenn jetzt jemand sagt ‚ich back für mein Leben gern Brot. Ich kann irgendwie nen Brotbackkurs machen', dann gibt's halt das. Und wenn's eben jemand gibt, der Lust auf Nähen hat, dann gibt's halt den Nähtreff. Wir bieten sozusagen die Räume und die Struktur und ihr kuckt dann bzw. wir kucken mit euch, was ihr überhaupt machen wollt." (Mitarbeiterin außerkirchliche Seniorenarbeit)

These 6: Religiosität und Glaube spielen im Alter eine Rolle und sind Anknüpfungspunkte.

Die Antwort auf die Frage, welche Rolle Glaube und Religiosität im Leben der Senior*innen spielen, ist Inhalt der sechsten These. In den Interviews zeigte sich, dass gerade Lebensfragen mit Glaubensfragen einhergehen: beim Rückblick auf die bereits vergangenen Lebensjahre, aber auch beim Blick in die Zukunft. Die Seniorin antwortete auf die Frage, welche Rolle Glaube und Religiosität in ihrem Leben spielt:

„Ne sehr große [lacht]. Ja. Das kann ich schon sagen. Also das finde ich total wichtig, und also es war ja schon immer so, aber es verändert sich natürlich mit den Lebenssituationen, das ist ja klar, das weißt du auch. Und der Blick ändert sich auch nochmal. Sowohl im Zurück als im Nach-vorne. Also du stellst dir nochmal viel mehr Fragen. Andere Fragen. Du stellst auch Fragen anders. Ich hab

schon immer mir eingebildet, ich hab mein Leben von Gott her und zu Gott hin gedeutet und das macht man verstärkt, glaube ich, nochmal im Rückblick oder auch im Ausblick, eben wenn man dann über's Sterben und Tod redet. [...] Also da isch man ja immer dran im Thema. So Lebensereignisse, die einen dann prägen." (Interview Seniorin)

Dass die Auseinandersetzung mit der eigenen Religion, aber auch mit anderen Religionen ein spannendes Thema für Senior*innen sein kann, erwähnte ein Interviewpartner. In Kontexten der Seniorenpastoral kann Raum für eine Sinnsuche eröffnet werden, auf welche sich auch Menschen im Seniorenalter noch begeben wollen.

„Ich glaube, dass die ähm Auseinandersetzung mit Religiosität oder Religionen insgesamt interessant ist. [...] Wirklich sozusagen Zeit zu haben für so ne spirituelle Suche irgendwie. Die auch gar nicht an ein Ziel kommen muss, sondern wo den Blick öffnet und es schön ist, zusammen zu suchen. Insofern könnte ich mir, das glaube ich, vorstellen. [...] Und wenn sozusagen die Frage nach Sinn oder nach Lebenserfahrungen, die so im weitesten Sinne Glaubensanteile haben, dann kann das schon für viele Menschen Gesprächsanlass sein." (Interview Mitarbeiter Seniorenpastoral Diözesanebene)

Seniorenpastoral lässt sich nicht von einem spirituellen Hintergrund herauslösen. Zwar wenden sich Menschen nach Meinung der Interviewpartner*innen nicht ausschließlich Angeboten der Seniorenpastoral zu, weil sie kirchlich organisiert sind, aber dennoch sind Glaube und Religiosität oder auch der Bezug zu einer Kirche Anknüpfungspunkte, z.B. für Glaubensgespräche mit religiös sozialisierten ‚Insidern', aber auch interessierten ‚Außenstehenden'.

> *„Ja, sie kommen zu uns, weil sie ein religiöses Interesse haben und ja, wir sind Expertinnen für Beziehungsarbeit. Des sag ich jetzt mal so selbstbewusst. Wir sind ein Andockpunkt für Menschen, die gerne mal Gleichgesinnte finden und gerne mal Freizeit zusammen verbringen."* (Interview Mitarbeiterin Seniorenpastoral SE)

Trotz des religiösen Interesses, das manche Senior*innen leiten mag, betont eine Interviewpartnerin, dass sich dennoch vom Bild eines älteren Menschen entfernt werden muss, der per se fromm ist.

> *„Die Menschen, die bei uns andocken, die haben ein Interesse. Und die sind durchaus auch prinzipiell ansprechbar für religiöse Themen, aber nid mehr und nid weniger wie die anderen auch. Also auch da gibt's Menschen, die sagen: ‚Frau R., des mit dem Leben nachm Tod, des glaub ich nid.' Also man braucht dieses Klischee, wenn Menschen alt werden, glauben sie. Ne. Des isch auch nid anders wie in anderen Lebensaltern auch. Und man muss sich immer bewusst werden, die, die da sind in unseren Angeboten, des sind natürlich auch Menschen, die religiös sind. Die sind schon interessiert. Aber auch nicht unkritisch und auch nicht per se fromm. Würde ich jetzt mal sagen. Ja. Also ich, wenn ich dort bin, mach ich schon auch religiöse Themen und des stößt auf großes Interesse."* (Interview Mitarbeiterin Seniorenpastoral SE)

These 7: Seniorenpastoral braucht Vernetzung und Zusammenarbeit mit anderen Akteuren der Seniorenarbeit, um der Vielfalt von Alter gerecht zu werden.

Ein weiteres Ergebnis der Forschung bezieht sich eher auf strukturelle Bedingungen der Seniorenpastoral. Um der Vielfalt, die Alter mit sich bringt, gerecht zu werden, kann die Vernetzung mit anderen Akteuren der Seniorenarbeit einen Mehrwert bringen. So betont die Interviewpartnerin, welche Mitarbeiterin einer städtisch organisierten Seniorenarbeit ist:

> *„Also alleine definitiv gar nicht. Ne Kommune kann einfach alleine nichts machen. Egal eigentlich in welchem Bereich. Aber jetzt gerade im Seniorenbereich gibt es zum Glück gut Netzwerke und, gut, auch viele Akteure und die haben wir eben, gerade durch diese Befragung, haben wir die wirklich stark mit ins Boot genommen [...].“*
> (Mitarbeiterin außerkirchlicher Seniorenarbeit)

Neben den Vernetzungen einiger Seelsorgeeinheiten im Bereich der Seniorenarbeit mit der Kommune berichtete auch eine der Interviewpartner*innen von ökumenischer Vernetzung.

> *„Ich hab mal was mit nem evangelischen Kollegen gemacht. Das war ne ganz spannende Geschichte und auch so ganz konkret.“*
> (Mitarbeiterin Seniorenpastoral SE)

Zu ökumenischer Vernetzung passt auch die Aussage des Mitarbeiters der Seniorenpastoral auf diözesaner Ebene, der von einem Nachlassen des Verständnisses für eine konfessionelle Trennung bei Menschen ab 65 berichtete:

> *„Und ich glaube, dafür gibt's immer weniger Verständnis. Ich glaube, dass immer mehr, und ich nehm das auch häufig war: ‚Ist doch egal, zu welcher Kirche du gehörst.‘ [...] Dass es eigentlich*

gar nicht mehr, und auch in der Seniorenarbeit, nicht mehr wirklich verstehbar gemacht werden kann, dass es da so ne institutionelle, aber eben auch harte Trennung gibt." (Mitarbeiter Seniorenpastoral Diözesanebene)

These 8: Intergenerationelle Pastoral ist gewünscht und bietet Chancen.

Der Wunsch nach intergenerationalen Angeboten ist ein sehr zentrales Ergebnis der Forschung, da er fast in jedem Interview geäußert wurde. So antwortete die Seniorin auf die Frage, wie sie sich Seniorenpastoral zukünftig vorstellen kann:

> *„Also ein Wunschangebot, was ich wahrnehme? [I: Genau. Oder was du wahrnehmen würdest, was dich ansprechen würde.] Also wahrscheinlich würde ich gern was Gemischtes haben. Also nicht nur unter Senioren. Also ich hätte gerne sowas mehrgenerationelles. Das würde ich mir wünschen. Kinder, Jugendliche, alle miteinander. Einer lernt vom anderen. Ja. Ich glaube, das würde ich mir wünschen."* (Interview Seniorin)

Die Gründe, warum der Wunsch nach intergenerationalen Angeboten besteht, sieht ein Interviewpartner im Interesse, sich nicht immer oder nicht nur mit Gleichaltrigen auszutauschen.

> *„Ähm weil eben auch manchmal das Interesse an Gleichaltrigen gar nicht so groß ist. Wenn ich mich mit 75 noch total fit fühle und tatsächlich auf der Höhe der Zeit bin und auch mit 50, 40 und 30-jährigen und auch gern mit Jugendlichen mich auf Augenhöhe unterhalten kann, dann ist das vielleicht interessanter, als die Gleichaltrigen oder die fünf Jahre Älteren."* (Mitarbeiter Seniorenpastoral Diözesanebene)

Die Mitarbeiterin der Seniorenarbeit auf Seelsorgeeinheitsebene sieht die zukünftige Seniorenpastoral ebenfalls im generationenübergreifenden Kontext. Ein gemeinsames und wechselseitiges Lernen und Austausch könne sich ergeben. Dabei bedeutet die Etablierung von solchen Angeboten nicht, dass Angebote, die sich *ausschließlich* an Senior*innen richten, dann eliminiert werden sollten.

> *„Es wird weniger Hauptamtliche geben, Gemeinden werden des, was bei ihnen vor Ort passiert in Eigenregie veranstalten und wenn's richtig gut läuft, dann wird's Zentren geben, wo sich Generationen treffen. Also es wird nid so ne Segmentierung geben im Sinne: Da kommen die Kinder und hier kommen die klugen Erwachsenen und hier kommt des Taizegebet und hier treffen sich die Senioren, sondern vielleicht gibt's in so nem Seniorenzetrum auch nochmal Angebote, die durcheinander gehen. Des wäre mein Traum. Das des vom Leben passiert, wo Senioren was mit Kindern machen und Familien was machen und Senioren Spaß haben, dabei zu sein, und die einen die anderen unterstützen. Des wäre toll, wenn des gelingt. So die Senioren unter sich, wahrscheinlich wird's des auch noch geben."* (Mitarbeiterin Seniorenpastoral SE)

Vorbilder können hier Kommunen sein, die solche Konzepte bereits etabliert haben.

> *„Wir haben in jedem Stadtteil einen Quartierstreff, wo sich alle Generationen begegnen, wo es Angebote gibt vom Frühstück bis zum Mittagstisch oder Abendessen. Wo sich alle begegnen. Wo die Seniorinnen und Senioren, die noch können und wollen, auch ihre aktive Hilfe anbieten können. Egal, ob das jetzt Tagesomas oder ähm*

die Handwerker-AG ist. Und wo möglichst viele sich noch als wertvoller Teil der Gesellschaft fühlen." (Mitarbeiterin außerkirchliche Seniorenarbeit)

Die Vorstellungen einer intergenerationalen Pastoral schließen an die Ergebnisse der fünften These, einer interessen- und lebensorientierten Pastoral die eine hohe Diversität zulässt, an. Zurecht stellt sich ein Interviewpartner daraufhin die Frage:

> *„Und wenn ich diversitätsbewusst bin, das haben Sie ja eben auch mit dieser Frage nach den Begriffen schon angedeutet, ist die Frage, heißt das dann noch Seniorenpastoral?"* (Mitarbeiter der Seniorenpastoral auf Diözesanebene)

These 9: Es gibt eine Vielzahl bekannter Angebote der Seniorenpastoral, welche jedoch nur gering wahrgenommen werden.

Im Interview wurden die Seniorin und der Senior nach ihnen bekannten Angeboten der Seniorenpastoral befragt.

> *„Seniorengottesdienst, Seniorennachmittage, Seniorenfasnet, Seniorenausflüge, Seniorengesprächskreise. Das gibt es hier alles. […] Ja. Ich denke, dass es verbreitet ist in der Meinung, dass Kirche sowas hat. Und ob ich jetzt religiös bin oder nicht oder der Kirche angehöre, da finde ich was, wenn ich das möchte. Das ist sicher so und das glaube ich auch."* (Interview Senior)

Beide konnten einige seniorenpastorale Angebote aufzählen und wüssten, wo sie bei Bedarf ein entsprechendes Angebot finden könnten. In ihrer momentanen Lebensphase können sie sich jedoch nicht vorstellen, ein solches wahrzunehmen.

> *„Ja, mhm. Die gibt's hier schon in der Gemeinde. Sowohl von den Kirchengemeinden, also wir haben ja drei Kirchengemeinden hier,*

> *katholisch, evangelisch und Freikirche, und die Kommune bietet des an. Also des isch/. Das Seniorenbüro bietet zum Beispiel bei Fragen zur Rente oder sowas. Da würde ich mich hinwenden, wenn ich ne Frage hätte und sie nicht selber beantworten kann. Oder ich würde halt selber bei der Rentenversicherung anrufen. Wenn nicht, dann würde ich dahin gehen. Aber im Moment bräuchte ich das nicht in Anspruch nehmen. Aber ich weiß, dass es sie gibt. Seniorenwandergruppe, Seniorenausflüge. Das gibt's alles. Ja."* (Interview Seniorin)

These 10: Die Beweggründe für das Aufsuchen von Angeboten der Seniorenpastoral sind vielfältig.

Die dritte These stellt die Pluralität und Diversität der Bedürfnisse der Senior*innen heraus. Ebenso vielfältig beschreiben die Mitarbeiter*innen der Seniorenpastoral und Seniorenarbeit die Beweggründe der Menschen, die ein Angebot aufsuchen.

> *„Des sagen die auch ‚Frau R., ich bin so allein'."* (Mitarbeiterin Seniorenpastoral SE)

Neben der Bekämpfung der Einsamkeit spielt auch das Suchen nach einer Aufgabe, gerade nach dem Wegbrechen der beruflichen Tätigkeiten, eine Rolle.

> *„Und dann sind die Leute dankbar, weil es stimmt, vielleicht als zweiter Ansporn. Also soziale Kontakte und dann aber auch ne Aufgabe haben. Sich noch zu was wert fühlen. Des ist sicherlich auch sehr hoch, ja."* (Mitarbeiterin außerkirchliche Seniorenarbeit)

Letztendlich sind es aber häufig soziale Kontakte und eine gut geführte Beziehungsarbeit, welche die Menschen auf Angebote der Seniorenpastoral aufmerksam machen.

Angesprochen werden die Menschen durch Personen und nicht durch Namen. Manche schon, die dann reagieren auf nen Programm, aber im Letzten isch es ne persönliches ‚Gehst du mit? Komm wir gehen da mal hin.‘ Dass sie die Menschen kennen, die es machen, dass sie mal ne Kuchen backen und dann denken ‚Och, isch gar nicht so schlecht.‘ (Mitarbeiterin Seniorenpastoral SE)

4.6.2 Zusammenfassung der Ergebnisse

Die Forschung ergab deutlich, dass sich die interviewten Personen im Seniorenalter nicht mit den bisher verbreiteten Angeboten der Seniorenpastoral identifizieren können und sie daher auch nicht wahrnehmen. Die Gründe für die Nichtidentifikation sind unterschiedlich. Ein Aspekt rührt von einem Altersbild her, welches die Angebote der Seniorenpastoral oft transportieren. Die befragten Senior*innen ordnen die Teilnahme der Angebote eher Menschen mit Unterstützungsbedarf zu. Sie selbst haben diesen noch nicht und fühlen sich daher nicht angesprochen. Durch familiäre Aufgaben als Großeltern oder andere Aktivitäten und Hobbies sind sie zudem (zeitlich) eingebunden. Die Beobachtungen der Mitarbeiter*innen der Seniorenpastoral und -arbeit bestätigten diese Haltung. Wenn Menschen ab 65 bei seniorenpastoralen Angeboten anzutreffen sind, dann eher als ehrenamtlich Engagierte. Der reine Konsum eines Angebotes wurde von den befragten Senior*innen mit ‚Nichts-tun‘ verbunden und kommt daher ihrem Bedürfnis nach Aktivität nicht nach. Jedoch ergab die Forschung auch, dass der Wille und das Bedürfnis nach Partizipation und Engagement oft durch zu hohe Anforderungen gebremst werden. Die befragten Interviewpartner*innen beschreiben, dass viele Senior*innen ihre bisherigen Aktivitäten weiterhin ausführen möchten und dann das Gefühl haben, die Anforderungen nicht erfüllen zu können, die an ein ehrenamtliches Engagement, beispielsweise bei der Kirche, gestellt sind. Außerdem erzählen die befragten Senior*innen von einer durch die Verrentung neugewonnen Freiheit, durch welche sie ihren Alltag freier, gelassener und ohne Zeitdruck gestalten können. Diese möchten sie nicht mit weiteren Verpflichtungen beladen.

Generell sind die Bedürfnisse der Menschen ab 65 sehr plural. Während sich der Senior intensiv um Familie und Hobby kümmert, pflegt die Seniorin ihre freundschaftlichen Kontakte und engagiert sich ehrenamtlich. Die befragten Senior*innen führen ein bisher sehr aktives Leben, wenngleich es, so die Aussagen der befragten Mitarbeiter*innen der Seniorenpastoral und -arbeit, auch Menschen im Seniorenalter gibt, die sich nicht aktiv beteiligen wollen und die angebotsorientierte Struktur genießen. Aus der Vielfalt der Bedürfnisse geht hervor, dass es keine einheitliche Zielgruppendefinition für ‚die Senior*innen' gibt.

Aus der Beobachtung, dass Senior*innen sich nicht mit den bisher bestehenden Angeboten identifizieren können, eine Teilnahme zu inaktiv und ein Engagement zu zeitintensiv erscheint, folgern die Mitarbeiter*innen der Seniorenpastoral und -arbeit, dass die Angebote deutlich interessen-, bedürfnis- und lebensorientierter gestaltet werden müssen. Seniorenpastoral spricht Menschen dann an, wenn sie Raum für die Wünsche, Fähigkeiten und Interessen von Senior*innen lässt und diese selbstbestimmt ausgelebt werden können und nicht in zu engen Strukturen gebunden sind. Projektorientierte Aktivitäten, in denen sich Menschen mit den gleichen Interessen für einen vorab festgelegten Zeitraum treffen, erscheinen zukunftsfähiger als feste Angebote, die eine mehr oder weniger kommunizierte Verpflichtung mit sich bringen.

Die Rolle des eigenen Glaubens und der Religiosität beschrieben beide Senior*innen als tragend, besonders im Hinblick auf vergangene und zukünftige Lebensfragen. Die befragten Mitarbeiter*innen machen ähnliche Beobachtungen in ihrer Arbeit und betonen, dass Seniorenpastoral ein Anknüpfungspunkt für Glaubensgespräche mit religiös sozialisierten ‚Insidern', aber auch interessierten ‚Außenstehenden' sein kann, bei denen Räume für Glaubensfragen und Sinnsuche eröffnet werden, diese Suche jedoch kein Ziel in Jesus haben muss.

Die Chancen, welche Vernetzung mit den verschiedenen Akteuren von Seniorenpastoral und -arbeit mit sich bringen kann, liegen insbesondere im Versuch, der Vielfalt von Alter gerecht zu werden. Gemeinwesendiakonische Projekte können gemeinsam durchgeführt werden und so beispielsweise ein Quartier zu einem lebenswerten Ort für Senior*innen, aber auch für andere Generationen machen. Der Wunsch nach intergenerationalen Angeboten wurde nicht nur von den Mitarbeitenden geäußert, sondern auch von der Seniorin und dem Senior. Sie sehen in solchen Angeboten Chancen des Austauschs und des intergenerationellen Lernens. Auch die interessenorientierte Pastoral lässt sich hierbei gut umsetzten. Es wird dann nicht mehr gefragt: „Wie alt sind Sie?", sondern: „Welche Interessen haben Sie?"

4.6.3 Diskussion und Kritik

Auf Basis der theoretischen Erkenntnisse sollen die Ergebnisse der Forschung nun unter Beantwortung der Fragestellung trianguliert und diskutiert werden. Anschließend daran, wird auf Schwächen und Grenzen der vorliegenden Forschung eingegangen und ein Resümee des Forschungsprozesses gezogen.

„Wie muss eine differenzierte Seniorenpastoral der Zukunft konzipiert sein, die eine Vielfalt von Alter(n) respektiert, die Bedürfnisse der Menschen ab 65 Jahren bis 75 Jahren stillt, und für jene ansprechend ist?" Um die Forschungsfrage zu beantworten, soll diese zunächst untergliedert werden, um der Vielschichtigkeit der Frage, aber auch den Ergebnissen aus den Interviews gerecht zu werden.

1.) Wie muss eine Seniorenpastoral der Zukunft konzipiert sein, die eine Vielfalt von Alter(n) respektiert?

Ein zunächst festzuhaltender und vorauszusetzender Fakt ist die, auch im Rahmen dieser Arbeit schon öfter erwähnte Vielfalt von Alter(n). Sowohl die gerontologischen, soziologischen und entwicklungspsychologischen Einsichten zeigten, dass Alter keine feste Größe ist. Im Prozess des Älterwerdens, in der Selbstwahrnehmung, aber auch in der individuellen Lebensgestaltung zeigt sich eine hohe Unterschiedlichkeit des Alter(n)s (Wahl und Heyl 2015). Die Soziologie führt die Vielfalt des Alter(n)s auch auf die gesellschaftlichen Entwicklungen zurück, welche sich dann auf das individuelle Leben des einzelnen Menschen auswirken (Lessenich 2015). Auch der Blick in das Alte und Neue Testament zeugte von einer Vielfalt des Alter(n)s. Das Altern wird darin mit seinen positiven Seiten wie Reichtum, Erfüllung und Vollendung, aber auch mit den Erfahrungen von Endlichkeit, Hilfsbedürftigkeit und Angewiesenheit beschrieben (Baumgartner 2000). Die im Literaturteil dieser Arbeit hinzugezogenen wissenschaftlichen Disziplinen raten aufgrund der Vielfalt zu einer Entfernung von Einstellungen und Perspektiven, die die älterwerdenden Menschen auf ein bestimmtes Altersbild reduzieren und somit jene eigentlich bestehende Vielfalt einschränken. Die Ergebnisse meiner Forschung bestätigen diese Empfehlungen deutlich. Immer wieder wurde betont, dass eine einheitliche Zielgruppendefinition für die Angebote der

Pastoral nicht möglich ist, da die Biografien, die Lebensthemen und Bedürfnisse der Menschen zu vielfältig sind und eine Definition diesen nicht gerecht werden würde. Dass die Erkenntnisse bezüglich der Vielfalt von Alter(n) und die Notwendigkeit einer Abkehr von zu sehr einschränkenden Altersbildern bisher jedoch noch keine konsequente Umsetzung in der Praxis erfahren haben, betonten Walter Fürst und Andrea Wittrahm deutlich (Fürst et al. 2003). Seniorenpastoral ist nach Einschätzung der beiden Theolog*innen noch immer so konzipiert, dass sie einer Vielfalt von Alter(n) nicht gerecht wird und oft nur Menschen anspricht, die sich bereits in der vierten Altersphase befinden und häufig schon auf Unterstützung angewiesen sind. Die Ergebnisse der Forschung bestätigten diese Einschätzungen insofern, dass sich die befragten Senior*innen von den bestehenden Angeboten der Seniorenpastoral nicht angesprochen fühlen, da sie sich für eine Teilnahme noch nicht als ‚alt genug' empfinden. Die befragten Mitarbeiter*innen legten dazu, dass zu den Angeboten tatsächlich eher Menschen kommen, die bereits das 80. Lebensjahr erreicht haben und weniger aktiv sind.

2.) Wie muss eine differenzierte Seniorenpastoral der Zukunft konzipiert sein, die die Bedürfnisse der Menschen ab 65 Jahren bis 75 Jahren stillt?

Die festgestellte Vielfalt von Alter zeigt sich auch im Hinblick auf die Bedürfnisse der Menschen zwischen 65 und 75 Jahren: Sie sind sehr plural. Die Forschungsergebnisse machten deutlich, dass es keine festgelegten Bedürfnisse für eine bestimmte Altersgruppe gibt. Im Hinblick auf Angebote der Seniorenpastoral betrifft diese Pluralität auch die Alltagsgestaltung der Senior*innen und damit auch die Bereitschaft zur Teilnahme an einem Angebot. Die befragten Senior*innen erzählten in den Interviews von unterschiedlichen Bedürfnissen, wie beispielsweise danach, Zeit mit der Familie zu verbringen oder sich für Andere zu engagieren. Bei allen Unterschiedlichkeiten ließ sich jedoch eine Gemeinsamkeit erkennen: das Ablehnen von zu starren und zeitlich einengenden Strukturen und das Bedürfnis nach selbstbestimmtem und interessenorientiertem Gestalten des Alltags. Die Interviewpartner*innen machten deutlich, dass viele Senior*innen ihre, durch die Verrentung neu gewonnene Freiheit nicht mit Dingen ausfüllen möchten, die nicht ihren Bedürfnissen und Interessen entsprechen. Diese Haltung betrifft daher auch unweigerlich die Angebote der Seniorenpastoral und lässt sich verbinden mit der Idee einer Beteiligungspastoral. Diese impliziert, wie in Kapitel 3.4.3 schon ausführlich erörtert wurde, das Bild einer Seniorenpastoral, die Räume schafft, in welchen ältere Menschen sich selbst als Subjekt ihres Lebens und Glaubens erfahren, weder Stärken noch Schwächen ausgeblendet werden, keine Bedingungen wie eine dauerhafte Mitarbeit gestellt werden und die christliche Botschaft in aller Freiheit als Lebensdeutung, Lebenshilfe und Lebensannahme wahrgenommen werden kann (Baumgartner 2000). Die Senior*innen entscheiden sich dann also interessengeleitet und an ihren subjektiven Bedürfnissen orientiert für ein Angebot oder bekommen im besten Fall sogar die Möglichkeit, dieses selbst anzustoßen (Erhardt et al. 2014). Daraus resultierend ergibt sich, dass sich ein Angebot nicht an ein bestimmtes Alter, sondern an bestimmte Interessen richtet und damit auch eine intergenerationelle Öffnung erfährt. Diese wurde in den Interviews bei den Zukunftsvorstellungen und -wünschen von allen Interviewpartner*innen erwähnt und ist somit auch ein zentrales Ergebnis der Forschung, das gleichzeitig auch die theoretischen Befunde bestätigt. Papst Franziskus zeichnete mit dem sprachlichen Bild des Kanus auf der Jugendsynode ein intergenerationelles Szenario (Papst Franziskus 2019), und auch die Vorstellungen von Konrad Baumgartner gehen in diese Richtung, wenn er von einer Beteiligungspastoral schreibt, bei welcher „es um eine kommunikative Praxis [geht], bei der Alte und Jüngere/Junge möglichst viel miteinander erleben [...], gemeinsame Interessen entdecken und möglichst altersheterogene Gruppierungen zusammenarbeiten" (Baumgartner 2000, S. 71). Letztendlich liegt in der beteiligungs- und bedürfnisorientierten Pastoral auch das Grundkonzept der Seelsorge, dass sich, bei gleichzeitiger Befähigung der pastoralen Mitsprache und Mitverantwortung aller im Sinne der Charismenorientierung, von einer klerikalen Versorgung verabschiedet (ebd.).

3.) Wie muss eine differenzierte Seniorenpastoral der Zukunft konzipiert sein, die für Menschen ab 65 bis 75 ansprechend ist?

Nun könnte man aus den obigen Punkten folgern: Wenn es keine einheitliche Zielgruppendefinition gibt und die Bedürfnisse und Altersprozesse eine hohe Pluralität und Diversität aufweisen, wie kann dann festgelegt werden, welche Art von Seniorenpastoral für Menschen ab 65 bis 75 ansprechend ist? Die Ergebnisse der Forschung zeigen zunächst, was für Menschen diesen Alters *nicht* ansprechend ist. Sie fühlen sich nicht angesprochen von einer Seniorenpastoral, deren Angebote sich nur an Senior*innen wenden. Sie fühlen sich nicht von Angeboten angesprochen, die sie untätig sein lassen, und auch nicht von Angeboten, die ihre Zeit zu sehr beanspruchen. Sie fühlen sich auch deshalb nicht von Angeboten der Seniorenpastoral angesprochen, weil sie sich oft noch zu jung fühlen. Diese Wahrnehmung impliziert demnach, dass der Seniorenpastoral ein Altersbild anhängt, welches hochaltrige Menschen, aber keine jüngeren Senior*innen anspricht. Dieses Bild konzentriert sich eher auf die Defizite der Menschen, welche auch Senior*innen ab 65 verspüren (können), aber sich nicht auf diese beschränken lassen wollen. Das Ergebnis der Forschung, wodurch sich Senior*innen angesprochen fühlen oder nicht, steht auch mit der in Kapitel 3.4.2 thematisierten Haltung, älteren Menschen den Subjektstatus zuzugestehen, in Zusammenhang: Senior*innen sind dann ansprechbar, wenn sie nicht als Objekte der Pastoral, sondern als Subjekte ihres Lebens betrachtet werden, sie ihre jeweiligen Erfahrungswerte und Bedürfnisse einbringen können und einen wichtigen Stellenwert in der Gemeinschaft einnehmen (Baumgartner 2000).

Nach dieser Untergliederung soll nun die gesamte Forschungsfrage noch einmal in den Blick gefasst werden. Die Ergebnisse der Forschung zeigen, dass eine zukunftsfähige Seniorenpastoral eine neubestimmte Seniorenpastoral ist. Eine differenzierte Seniorenpastoral der Zukunft hat ein umfassendes Bild von Alter, weiß um seine Heterogenität und lässt dieser Platz. Sie befindet sich immer wieder im Wandel, da sich die Gesellschaft selbst kontinuierlich verändert. Neben den älteren Konzepten, wie Seniorennachmittagen für Menschen mit höheren Unterstützungsbedarfen, sollen und müssen neue Formate ihren Platz im gemeindlichen Alltag finden. Diese neue Form der Seniorenpastoral spricht Menschen über ihre Wünsche, Lebensthemen, Interessen und Fähigkeiten an und bietet Raum für selbstbestimmtes Engagement für Andere. Sie bietet Gestaltungsfreiräume und zeichnet sich aus durch eine Balance zwischen Geben und Nehmen. Eine differenzierte Seniorenpastoral ist also ein Raum, wo Partizipation möglich und willkommen ist. Eine Seniorenpastoral der Zukunft lässt sich nicht aus ihrem spirituellen Hintergrund herauslösen. Sie kann ein Ort sein, an welchem über das menschliche Leben in seiner Fragmentarität und gleichzeitiger Vollkommenheit, weil von Gott bedingungslos anerkannt, gesprochen werden kann. Ausgehend vom Alter(n) kommen Sinnfragen ins Gespräch, die ihren Platz finden. Der Austausch muss dabei stets einladenden Charakter haben und nicht doktrinär vorausgesetzt werden. Schließlich können bei der Suche nach

Sinn, aber auch in Bezug auf andere Themen, intergenerationelle Projekte anschließen und zu einem wichtigen Bestandteil einer zukunftsfähigen Pastoral werden. Abschließend kann eine Seniorenpastoral der Zukunft durch ihre Einbettung in ein Netzwerk eine noch höhere Differenzierung erfahren. Austausch und Zusammenarbeit bestimmen die Projekte zwischen den Akteuren und werden dadurch der Vielfalt von Alter(n) gerechter.

Mit der qualitativen Forschung wollte ich Einblick in die Bedürfnisse der Menschen im Seniorenalter erlangen und gleichzeitig Erkenntnisse darüber gewinnen, wie Seniorenpastoral bisher konzipiert ist und wie die Angebote für Menschen ab 65 bis 75 wahrgenommen werden. Zusammenfassend und im Hinblick auf die Forschungsziele und -frage kann gesagt werden, dass die Interviews einen breiten Überblick über den Status quo von Seniorenpastoral lieferten. Durch die Gespräche mit den Mitarbeiter*innen der Seniorenpastoral und -arbeit wurden die Herausforderungen, aber auch Chancen innerhalb dieser, deutlich. Durch die Interviews mit der Seniorin und dem Senior gewann ich einen Einblick in die Lebensthemen und Bedürfnisse von Senior*innen, welche dann in Verhältnis zu den Angeboten der Seniorenpastoral gesetzt werden konnten. Meine Erwartungen, welche sich aus den Literaturrecherchen des ersten Teils der Arbeit ergaben, konnten erfüllt werden. Die Ursprungsmotivation zur Wahl dieses Themas für meine Bachelorarbeit war die Annahme, dass die traditionellen Formen der Seniorenpastoral, beispielsweise im Rahmen des Angebotes von Seniorennachmittagen, für Menschen ab 65 bis 75 nicht ansprechend sind und sich diese Altersgruppe in einer pastoralen nicht berücksichtigten Nische befindet. Diese Annahme wurde durch die Literatur, aber insbesondere durch die Interviews bestätigt.

Die Erhebungs- und Auswertungsmethoden eigneten sich für die Forschung sehr gut. Rückblickend ergab sich für mich jedoch bezüglich des Leitfadens ein veränderungswürdiger Aspekt. Bei der Erstellung des Leitfadens erschien es mir als relevant, die Mitarbeiter*innen im Bereich der Seniorenpastoral und -arbeit nach ihrer Arbeit und den konkreten Angeboten für Senior*innen innerhalb dieser zu befragen. Diese Informationen waren äußerst interessant und halfen mir, die momentan bestehenden Konzepte der Seniorenpastoral und -arbeit nachzuvollziehen. Bei der Auswertung wurde aber klar, dass diese Antworten nicht die erwartete Relevanz zur Beantwortung der Fragestellung hatten. Es wäre daher vielleicht eine bessere Variante gewesen, diese Fragen zur Person und Beruf aus dem eigentlichen Interview auszugliedern und sozusagen als Hintergrundinformation zu verwerten.

Ein weiterer Kritikpunkt meiner Forschung bezieht sich auf die Wahl der Interviewpersonen, insbesondere der Senior*innen. Die beiden befragten Personen waren sehr auskunftsfreudigerInterviewpartner*innen und boten durch ihre ähnlichen Biografien, Lebenswelten und Milieuzugehörigkeit eine gewisse Vergleichbarkeit. An diesem Punkt liegt jedoch auch eine Grenze. Es wäre, aufgrund den in den Interviews gewonnenen Erkenntnissen, zusätzlich interessant und aufschlussreich gewesen, Senior*innen zu interviewen, die beispielsweise alleinstehend oder verwitwet und deren soziale Kontakte nicht derart ausgeprägt sind.

Würde ich diese Forschung nochmals durchführen, würde ich eine umfangreichere Befragung vorziehen, die eine größere Pluralität und Diversität der Befragten gewährleisten würde. Es wäre dann auch spannend, an die qualitativen Interviews eine quantitative Umfrage anzuschließen, um eine Repräsentativität zu erreichen. Im Rahmen dieser Forschung musste ich angesichts des kleinen Samplings einen Schluss von der

Probe auf ein Ganzes ziehen. Durch eine anschließende quantitative Forschung könnte eine validere Verallgemeinerung aufgrund großer Stichproben erreicht werden. Dennoch konnte diese qualitative Forschung meiner Meinung nach für die Theoriebildung relevante Aussagen treffen.

Über die vorliegende Forschung hinaus wäre zudem denkbar, eine Forschung durchzuführen, die sich auf intergenerationelle Pastoral bezieht, da diese Vorstellung für die Zukunft in den Ergebnissen dieser Forschung sehr präsent war. Es wäre interessant zu erfahren, wie die Ansichten und Einschätzungen verschiedener Altersgruppierungen zu einer solche Form aussehen.

5 Fazit und Ausblick: Optionen einer differenzierten Seniorenpastoral der Zukunft

Am Ende dieser Arbeit mit den theoretischen und forschungsgestützten Ergebnissen lässt sich sagen, dass die Seniorenpastoral, wie sie bisher besteht, eine Neubestimmung erfahren muss. Sie wird den Menschen ab 65 nicht gerecht und spricht sie nicht an – die Gründe dafür ergaben sich aus den Interviews. Wie eine solche neubestimmte Pastoral aussehen könnte, wurde im Diskussionsfazit bereits angerissen. Der wichtigste inhaltliche Orientierungspunkt für eine Pastoral der Zukunft liegt meines Erachtens in der Interessen- und Bedürfnisorientierung, in der Lebenszugewandtheit, im Freiräume eröffnen, im Gestaltungsmöglichkeiten schaffen und im Respektieren der Heterogenität und Pluralität von Alter(n). Wenn Kirche und Theologie sich als integrierendes und gleichzeitig kritisches Element von Gesellschaft begreifen, dann müssen sie die soziokulturellen Veränderungsprozesse, die in der Einleitung dieser Arbeit dargelegt wurden, nicht nur aufmerksam beobachten, sondern auch im Dialog mit allen Beteiligten Gestaltungsbeiträge im Sinne einer Pastoral, die nah am Leben der Menschen ist, formulieren. Blickt man mit der Brille der interessenorientierten Gestaltung auf die Pastoral, stellt sich wieder eine Frage, die bereits im Erkenntnisgewinn des dritten Kapitels aufkam: Braucht es in Anbetracht der Interessenorientierung eine Pastoral für Senior*innen, eine Pastoral ‚an der Gruppe'? Wäre es nicht zukunftsfähiger, eine Pastoral des Lebens zu befürworten, deren Zielgruppe sich nicht über ein Alter, sondern über Interesse, Kompetenzen, Bedürfnissen und Fähigkeiten bildet?

Meiner Einschätzung nach wäre eine *Pastoral des Lebens* die Form einer Pastoral, die zukunftsfähig ist. Diese Pastoral des Lebens nimmt die unterschiedlichen Lebenswege und Lebenserfahrungen des alternden

Menschen in sich auf, aber fußt gleichzeitig auch auf den kommunizierten Ressourcen unterschiedlicher Altersgruppen. Sie erwächst aus einem Miteinander der Generationen, beachtet welche Unterschiedlichkeiten, lässt Kontrasterfahrungen zu einem Gewinn werden und stellt keine Bedrohung dar, die es zu bezwingen gilt, indem Unterschiede aufgehoben werden sollen. Es ist vielmehr eine Pastoral der Lebensspanne als eine Pastoral der spezifischen Gruppe. Viele Jahre wurde der Fokus des pastoralen Handelns auf Differenzierung, Spezialisierung und Professionalisierung gelegt und auch die Motivation dieser Arbeit erwuchs aus dem Gedanken, dass eine ‚gute' Pastoral immer eine deutlich differenzierte Pastoral sein muss. Aber vielleicht liegt die Differenzierung ja gerade darin, nicht zu stark zu differenzieren. Die Idee der Pastoral des Lebens also liefert in gewisser Weise ein Gegengewicht zur Differenzierung, da das Leben als Ganzes, und nicht nur das Alter und somit eine bestimmte Gruppe im Mittelpunkt steht. Jede und jeder kann, soll und darf in ihrer und seiner jeweiligen Entwicklungsphase, Glaubenssituation und Lebenskontext zur Pastoral beitragen und bei Bedarf auch aktiv mitgestalten.

Aus der Forschung ergab sich auch, dass sich viele Menschen ab 65 bis 75 Jahren nicht mit dem Begriff „Seniorenpastoral" identifizieren können, weil sie sich noch nicht alt genug dafür empfinden. Eine partiell generationenübergreifende Pastoral kann bestehende Altersbilder, die negativ belastet sind, thematisieren, Sichtweisen erweitern und zu einer positiveren Selbst- und Fremdwahrnehmung trotz Verluste, Brüche und Diskontinuitäten des Lebens verhelfen. Die Pastoral des Lebens ist also eine altersbejahende Pastoral, die den Menschen weder *nur* in seiner Aktivität noch *nur* mit seinen Defiziten in den Mittelpunkt stellt, ihn anerkennt als

Geschöpf Gottes mit all seiner Fragemtarität und dennoch mit einer Vollkommenheit durch die bedingungslose Anerkennung Gottes. Es ist die Idee einer Pastoral, die den Blick auf das Alter(n) wendet: Pro-Aging, statt Anti-Aging.

Literaturverzeichnis

Ardelt, Monika (1997): Wisdom and life satisfaction in old age. In: *The journals of gerontology. Series B, Psychological sciences and social sciences* 52B (1), 15-27.

Aristoteles (2020): Nikomachische Ethik. Hg. v. Gernot Krapinger. Stuttgart: Reclam (Reclams Universal-Bibliothek, Nr. 19670).

Auer, Alfons (1996): Geglücktes Altern. Eine theologisch-ethische Ermutigung. 4. Aufl. Freiburg im Breisgau, Basel, Wien: Herder.

Baltes, Paul B. (1990): Entwicklungspsychologie der Lebensspannen. In: *Psychologische Rundschau* (41), S. 1–24.

Baumgartner, Hans-Michael (1994): Welches Subjekt ist verschwunden? Einige Distinktionen zum Begriff des Subjekts. In: Hermann Schrödter (Hg.): Das Verschwinden des Subjekts. Würzburg: Königshausen & Neumann, S. 27.

Baumgartner, Konrad (2000): Alte Menschen. In: Herbert Haslinger (Hg.): Praktische Theologie. Durchführungen, Bd. 2. Mainz: Matthias-Grünewald-Verlag (2), S. 61–72.

Blasberg-Kuhnke, Martina (1985): Gerontologie und praktische Theologie. Studien zu e. Neuorientierung d. Altenpastoral. Zugl.: Münster, Westfäl. Wilhelms-Univ., Diss., 1984. 1. Aufl. Düsseldorf: Patmos-Verlag (Themen und Thesen der Theologie).

Blasberg-Kuhnke, Martina (2003): Individualisierung und Dynamisierung der Religiosität im höheren Erwachsenenalter. Konsequenz für die Altenbildung. In: Walter Fürst, Andreas Wittrahm, Ulrich Feeser-Lichterfeld und Tobias Kläden (Hg.): "Selbst die Senioren sind nicht mehr die alten..." Praktisch-theologische Beiträge zu einer Kultur des Alterns. Münster: LIT Verlag (17), S. 101–107.

Boschki, Reinhold (2017): Subjekt. Hg. v. WiReLex. Online verfügbar unter https://www.bibelwissenschaft.de/wirelex/das-wissenschaftlich-religionspaedagogische-lexikon/wirelex/sachwort/anzeigen/details/subjekt/ch/06c007e7dd800efab6e17eb4f0c6ce3b/, zuletzt aktualisiert am 18.11.2020, zuletzt geprüft am 18.11.2020.

Böttigheimer, Christoph (2018): Bedingungslos anerkannt. Der Beitrag des Glaubens zur Persönlichkeitsbildung. 1. Aufl. Freiburg: Herder Verlag.

Brand, Lukas (2020): Darstellen, dass Gott da ist! Ruhr-Universität Bochum. Online verfügbar unter http://www.kath.ruhr-uni-bochum.de/pastoral/lehre/ws2015.html.de#VL, zuletzt geprüft am 23.11.2020.

Cumming, Elaine; Henry, William Earl (1961): Growing Old. Process of Disengagement. New York: Basic Books.

Erhardt, Martin; Hoffmann, Lothar; Roos, Horst (Hg.) (2014): Altenarbeit weiterdenken. Theorien - Konzepte - Praxis. 1. Aufl. Stuttgart: Verlag W. Kohlhammer.

Failing, Wolf-Eckart (1998): Die kleine Lebenswelt und der umfassende SInn. In: Wolf-Eckart Failing und Hans-Günter Heimbrock (Hg.): Gelebte Religion wahrnehmen. Lebenswelt, Alltagskultur, Religionspraxis. Stuttgart: W. Kohlhammer (Kohlhammer Theologie), S. 200–232.

Faltmaier, Toni; Mayring, Philipp; Saup, Winfried; Strehmel, Petra (2002): Entwicklungspsychologie des Erwachsenenalters. 2. Aufl. 14 Bände. Stuttgart: W. Kohlhammer GmbH.

Foitzik, Karl (2009): Gemeindepädagogik: Alte Menschen in Kirche und Gemeinde. In: Thomas Klie, Kumlehn Martina und Ralph Kunz

(Hg.): Praktische Theologie des Alterns. Berlin: de Gruyter (Praktische Theologie im Wissenschaftsdiskurs, Bd. 4), S. 519–542.

Freiburg, Erzdiözese (2017): Engagement an vielen Orten – Vielfalt unter dem Dach der Kirche?! Ehrenamtsstudie der Erzdiözese Freiburg Kompaktversion des Studienberichts. 2. Aufl. Hg. v. Erzbischöfliches Ordinariat Freiburg. Freiburg im Breisgau. Online verfügbar unter https://www.ebfr.de/erzdioezese-freiburg/erzbischoefliches-ordinariat/hauptabteilung-6-grundsatzfragen-und-strategie/ehrenamt-und-engagementfoerderung/, zuletzt geprüft am 15.03.2021.

Freud, Sigmund (1994): Zwangshandlungen und Religionsausübungen. In: Alexander Mitscherlich, Angela Richards und James Strachey (Hg.): Studienausgabe. Zwang, Paranoia und Perversion, Bd. 7. 12. korrigierte Aufl. Frankfurt am Main: Fischer Taschenbuch Verlag (7), S. 11–21.

Fürst, Walter; Feeser-Lichterfeld, Ulrich (2003): "Pastoral der Lebensspanne und der Lebensbezüge". Elemente und Essentials eines möglichen christlich-kirchlichen Beitrags zur Alternskultur in der Gesellschaft. In: Walter Fürst, Andreas Wittrahm, Ulrich Feeser-Lichterfeld und Tobias Kläden (Hg.): "Selbst die Senioren sind nicht mehr die alten..." Praktisch-theologische Beiträge zu einer Kultur des Alterns. Münster: LIT Verlag (17), S. 153–180.

Fürst, Walter; Wittrahm, Andreas; Feeser-Lichterfeld, Ulrich; Kläden, Tobias (Hg.) (2003): "Selbst die Senioren sind nicht mehr die alten..." Praktisch-theologische Beiträge zu einer Kultur des Alterns. Münster: LIT Verlag (17).

Göckenjan, Gerd (Hg.) (1988): Alter und Alltag. 1. Aufl. Frankfurt am Main: Suhrkamp (Edition Suhrkamp, 1467 = N.F., Bd. 467).

Guardini, Romano (2008): Die Lebensalter. Ihre ethische und pädagogische Bedeutung. 15. Taschenbuchaufl., (unveränd. Nachdr. der 9. Aufl.). Ostfildern: Matthias-Grünewald-Verl. (Topos-Taschenbücher, Bd. 400).

Hauschildt, Eberhard (2009): Seelsorge: Das Altern besprechen, begleiten und ihm Raum geben. In: Thomas Klie, Kumlehn Martina und Ralph Kunz (Hg.): Praktische Theologie des Alterns. Berlin: de Gruyter (Praktische Theologie im Wissenschaftsdiskurs, Bd. 4), S. 471–495.

Herrmann, Jörg (2007): Seniorenarbeit. Demographischer Wandel/ Alterskultur/ Demenz/ Seelsorgliche Begleitung am Lebensende. In: Wilhelm Gräb (Hg.): Handbuch praktische Theologie. 1. Aufl. Gütersloh: Gütersloher Verl.-Haus, S. 687–698.

Höffe, Otfried (2009): Bilder des Alters und des Alterns im Wandel. In: Josef Ehmer und Otfried Höffe (Hg.): Bilder des Alterns im Wandel. Historische, interkulturelle, theoretische und aktuelle Perspektiven. Stuttgart: Wiss. Verl.-Ges (Nova acta Leopoldina, N.F., Nr. 363 : Bd. 99), S. 11–21.

Hungs, Franz-Josef (1993): Altenpastoral. In: Walter Kasper und Michael Buchberger (Hg.): Lexikon für Theologie und Kirche. 3., völlig neubearbeitete Aufl. 11 Bände. Freiburg: Herder (1), S. 452–453.

Kläden, Tobias (2003): Zentrale Ergebnisse des Forschungsprojektes "Religiöse Entwicklung im Erwachsenenalter" im Überblick. In: Walter Fürst, Andreas Wittrahm, Ulrich Feeser-Lichterfeld und

Tobias Kläden (Hg.): "Selbst die Senioren sind nicht mehr die alten..." Praktisch-theologische Beiträge zu einer Kultur des Alterns. Münster: LIT Verlag (17), S. 67–84.

Klein, Constantin; Albani, Cornelia (2011): Religiosität und psychische Gesundheit-empirische Befunde und Erklärungsansätze. In: Constantin Klein, Hendrik Berth und Friedrich Balck (Hg.): Gesundheit - Religion - Spiritualität. Konzepte, Befunde und Erklärungsansätze. Weinheim: Juventa Verlag (Gesundheitsforschung), S. 215–245.

Kohli, Martin (1992): Altern in soziologischer Perspektive. In: Paul B. Baltes und Jürgen Mittelstraß (Hg.): Zukunft des Alterns und gesellschaftliche Entwicklungen. Berlin/New York: Walter de Gruyter, S. 231–259.

Kunz, Ralph (2009): Weisheit: Konzepte der Lebensklugheit. In: Thomas Klie, Kumlehn Martina und Ralph Kunz (Hg.): Praktische Theologie des Alterns. Berlin: de Gruyter (Praktische Theologie im Wissenschaftsdiskurs, Bd. 4), S. 155–205.

Lehmann, Karl (2017): Die Würde des Alters und die Vollendung des Lebens. Leipzig: Benno.

Lessenich, Stephan (2015): Kernthemen und Konzepte der Alternssoziologie. In: Hans-Werner Wahl und Vera Heyl (Hg.): Gerontologie - Einführung und Geschichte. 2. Aufl. 1 Band. Stuttgart: W. Kohlhammer GmbH, S. 157–160.

Mayring, Philipp (2015): Qualitative Inhaltsanalyse. Grundlagen und Techniken. 12., überarb. Aufl. Weinheim, Basel: Beltz Verlag (Beltz Pädagogik). Online verfügbar unter http://content-select.com/index.php?id=bib_view&ean=9783407293930.

Neuhausen, Elke; Giesler, Renate (2011): Wie die Kirche ältere Menschen wahrnimmt. Strukturen, Ressourcen und Angebote in den Landeskirchen der EKD. Evangelische Kirche in Deutschland. Hannover. Online verfügbar unter https://www.siekd.de/wp-content/uploads/2018/09/Wie_die_Kirche_aeltere_Menschen_wahrnimmt.pdf, zuletzt geprüft am 17.11.2020.

Nocke, Franz-Josef (2009): Ja sagen zum Alter. Impulse aus dem Glauben. 1. Aufl. [Erscheinungsort nicht ermittelbar]: PeP eBooks.

Papst Franziskus (2019): "Christus vivit": Nachsynodales Apostolisches Schreiben an die jungen Menschen und an das ganze Volk Gottes. Libreria Editrice Vaticana. Online verfügbar unter http://www.vatican.va/content/francesco/de/apost_exhortations/documents/papa-francesco_esortazione-ap_20190325_christus-vivit.html, zuletzt aktualisiert am 19.11.2020, zuletzt geprüft am 19.11.2020.

Przyborski, Aglaja; Wohlrab-Sahr, Monika (2008): Qualitative Sozialforschung. Ein Arbeitsbuch. 1. Aufl. München: Oldenbourg (Lehr- und Handbücher der Soziologie).

Rahner, Karl (1983): Schriften zur Theologie. Unter Mitarbeit von Paul Imhof. Zürich, Einsiedeln, Köln: Benziger.

Rahner, Karl (2013): Grundkurs des Glaubens. Einführung in den Begriff des Christentums. 2., unveränderte Aufl. der Neuausg. 2008. Freiburg, Basel, Wien: Herder.

Rahner, Karl; Vorgrimler, Herbert (2008): Kleines Konzilskompendium. Sämtliche Texte des Zweiten Vatikanischen Konzils ; allgemeine

Einleitung - 16 spezielle Einführungen - ausführliches Sachregister. 35. Aufl. Freiburg, Br., Basel, Wien: Herder (Grundlagen Theologie).

Reuter, Wolfgang (2017): In Beziehung und Entwicklung. Pastoralpsychologische Impulse zum Prozess und zur Dynamik des Alter(n)s. In: Sonja Sailer-Pfister, Ingo Proft und Hermann Brandenburg (Hg.): Was heißt schon alt? Theologische, ethische und pflegewissenschaftliche Perspektiven. Ostfildern: Matthias Grünewald Verlag (Ethische Herausforderungen in Medizin und Pflege, Band 8), S. 95–103.

Roos, Horst (2014): Altenarbeit und Kirche im Wandel. In: Martin Erhardt, Lothar Hoffmann und Horst Roos (Hg.): Altenarbeit weiterdenken. Theorien - Konzepte - Praxis. 1. Aufl. Stuttgart: Verlag W. Kohlhammer, S. 80–85.

Ruthe, Reinhold (2017): Handbuch der therapeutischen Seelsorge. 14. Aufl. Moers: Brendow (Brendow Praxis).

Rüttenauer, Alban (2017): Weisheit des Alters nach dem Buch der Sprichwörter. In: Sonja Sailer-Pfister, Ingo Proft und Hermann Brandenburg (Hg.): Was heißt schon alt? Theologische, ethische und pflegewissenschaftliche Perspektiven. Ostfildern: Matthias Grünewald Verlag (Ethische Herausforderungen in Medizin und Pflege, Band 8), S. 73–80.

Schneider-Flume, Gunda (2010): Alter - Schicksal oder Gnade? Theologische überlegungen zum demographischen Wandel und zum Alter(n). 2. Aufl. Göttingen: Vandenhoeck & Ruprecht.

Simonson, Julia; Vogel, Claudia; Tesch-Römer, Clemens (2016): Freiwilliges Engagement in Deutschland. 1. Aufl. Hg. v. Bundesministerium für Familien, Senioren, Frauen und Jugend. Bundesministerium für Familien, Senioren, Frauen und Jugend. Rostock. Online verfügbar unter https://www.bmfsfj.de/blob/113702/53d7fdc57ed97e4124fffec0ef5562a1/vierter-freiwilligensurvey-monitor-data.pdf, zuletzt geprüft am 18.11.2020.

Statistisches Bundesamt (2019): Demografischer Wandel in Deutschland: Ursachen und Folgen. Online verfügbar unter https://www.destatis.de/DE/Themen/Querschnitt/Demografischer-Wandel/_inhalt.html, zuletzt aktualisiert am 01.08.2019, zuletzt geprüft am 19.10.2020.

Tartler, Rudolf (1961): Das Alter in der modernen Gesellschaft. Erlangen: Enke.

Thomae, Hans (Hg.) (1959): Handbuch der Psychologie. Entwicklungspsychologie. Göttingen: Hogrefe Verlag (3).

van Dyk, Silke (2015): Soziologie des Alters. Bielefeld: transcript-Verlag (Einsichten. Themen der Soziologie).

Wahl, Hans-Werner; Heyl, Vera (Hg.) (2015): Gerontologie - Einführung und Geschichte. 2. Aufl. 1 Band. Stuttgart: W. Kohlhammer GmbH.

Wittrahm, Andreas; Leicht, Barbara D. (2003): Gesalten und Gestaltwandel erwachsener Religiosität. Von der Pilotstudie zum Forschungsprojekt "Religiöse Entwicklung im Erwachsenenalter". In: Walter Fürst, Andreas Wittrahm, Ulrich Feeser-Lichterfeld und

Tobias Kläden (Hg.): "Selbst die Senioren sind nicht mehr die alten..." Praktisch-theologische Beiträge zu einer Kultur des Alterns. Münster: LIT Verlag (17), S. 21–39.

Witzel, Andreas (1989): Das problemzentrierte Interview. In: Gerd Jüttemann (Hg.): Qualitative Forschung in der Psychologie. Grundfragen, Verfahrensweisen, Anwendungsfelder. 2. Aufl. Heidelberg: Asanger, S. 227–255.

Witzel, Andreas (2000): Das problemzentrierte Interview. Hg. v. Forum Qualitative Sozialforschung / Forum: Qualitative Social Research. Online verfügbar unter http://www.qualitative-research.net/index.php/fqs/article/view/1132/2519, zuletzt geprüft am 25.11.2020.

Woopen, Christiane; Janhsen, Anna; Mertz, Marcel; Genske, Anna (Hg.) (2020): Alternde Gesellschaft im Wandel. Zur Gestaltung einer Gesellschaft des langen Lebens. Berlin, Germany: Springer (Schriften zu Gesundheit und Gesellschaft, Band 4).

MenschenArbeit. Freiburger Studien

Herausgegeben von Michael N. Ebertz, Werner Nickolai und Martin Becker

1: Jochen Hilpert, **Partizipative Jugendarbeit und Bürgerengagement.** Über die Praxis einer Theorie.
1996, 192 Seiten, € 16,36. ISBN 3-89649-038-9

2: Katrin Huber-Sheik, **Sozialer Brennpunkt**. Sozialstruktur und Sanierung in einem Freiburger Stadtteil.
1996, 148 Seiten, € 15,24. ISBN 3-89649-039-7

3: Norbert Scheiwe (Hrsg.), **Mit jungen Menschen auf dem Weg in die Zukunft**.
1996, 156 Seiten, € 15,24. ISBN 3-89649-040-0

4: Ausländerbeirat der Stadt Freiburg (Hrsg.), **Kinder sind Bürger einer Welt**. Interkulturelle Erziehung in einer Kindertagesstätte.
1997 (2. Auflage), 176 Seiten, € 15,24. ISBN 3-89649-041-9

5: André Paul Stöbener, **Die Pflegeversicherung**. (vergriffen)

6: Petra Hauser, **Zuflucht gefunden?** Die rechtliche und soziale Situation von unbegleiteten Flüchtlingskindern im deutsch-italienischen Vergleich.
1997, 184 Seiten, € 15,24. ISBN 3-89649-050-8

7: Matthias Linnenschmidt, **Arbeiten mit Menschen als Studien- und Berufswunsch.** Soziale Herkunft und Studienmotivation von BewerberInnen der Katholischen Fachhochschule Freiburg - Hochschule für Sozialwesen, Religionspädagogik und Pflege - Ergebnisse einer Erhebung.
1997, 96 Seiten, € 15,24. ISBN 3-89649-143-1

8: Annette Bukowski, **Benachteiligungen im Jugendstrafvollzug?** Ergebnisse qualitativer Interviews mit türkischen Insassen.
1997, 104 Seiten, € 15,24. ISBN 3-89649-254-3

9: Barbara Denz, **Auf dem Weg zur Gleichberechtigung.** Konzeptionsbildung für kommunale Gleichstellungsstellen, dargestellt am Beispiel der Kommunalen Stelle für Frauenfragen im Landkreis Waldshut.
1998, 108 Seiten, € 15,24. ISBN 3-89649-271-3

10: Michael N. Ebertz / Werner Nickolai unter Mitarb. von Heidrun Huber: **Mächtig - ohnmächtig. Jugendliche im ländlichen Raum.** Eine empirische Exploration.
1999, 224 Seiten, € 20,20. ISBN 3-89649-367-1

11: Christoph Schneider, **Die Verstaatlichung des Leibes.** Das „Gesetz zur Verhütung erbkranken Nachwuchses" und die Kirche. Eine Dokumentenanalyse.
2000, 330 Seiten, € 27,60. ISBN 3-89649-516-X

12: Patrick Hueter, **Die psychiatrische Versorgung in Theorie und Praxis in Deutschland und Italien im Vergleich - unter besonderer Berücksichtigung der sozialen Arbeit.**
2000. 188 Seiten, € 24,54. ISBN 3-89649-598-4

13: Barbara Schramkowski, **Interkulturelle Mediation**. Mediation als eine Methode des konstruktiven Umgangs mit Interkulturellen Konflikten in Städten mit hohem multikulturellem Bevölkerungsanteil. **(vergriffen)**

14: Ursula Geißner / Werner Nickolai (Hrsg.), **Inklusion - Exklusion.** Helfende Berufe im Schatten ihrer Geschichte.
2002, 144 Seiten, EUR 15,-. ISBN 3-89649-782-0

Hartung-Gorre Verlag D-78465 / Tel.: +49 (0) 7533 97227 // Fax: +49 (0) 7533 97228
http://www.hartung-gorre.de // eMail: verlag@hartung-gorre.de

MenschenArbeit. Freiburger Studien

Herausgegeben von Michael N. Ebertz, Werner Nickolai und Martin Becker

15: Stefan Michel, **Qualitätsmanagement in der stationären Suchtbehandlung als Prozess organisationalen Lernens.**
2002, 152 Seiten, EUR 19,50. ISBN 3-89649-805-3

16: Karin Racke, **Berufspolitische Interessenorganisationen in der Sozialen Arbeit am Rande der Bedeutungslosigkeit**
dargestellt am Deutschen Berufsverband für Soziale Arbeit e. V. (DBSH).
2003, 174 Seiten, € 22,-. ISBN 3-89649-837-1

17: Michael Ganster, **Christlich spirituelle Inhalte in zeitgenössischer Popmusik am Beispiel Xavier Naidoos und ihre Rezeption bei Jugendlichen.**
2003, 154 Seiten, € 19,80. ISBN 3-89649-843-6

18: Simone Müller, **Anleitung im praktischen Studiensemester.** Ein Kernstück im Studium der Sozialen Arbeit.
2003, 166 Seiten, € 19,50. ISBN 3-89649-856-8

19: Manuel Fuchs, **Jugendarbeit und Schule in Kooperation.** Von der Ganztagsbetreuung zur Ganztagsbildung.
2005, 180 Seiten, € 19,80. ISBN 3-86628-013-0

20: Christian Biendl, **Jugendstrafvollzug in freier Form** am Beispiel des "Projekt Chance".
2005, 2007², 152 Seiten; € 18,00. ISBN 3-86628-019-X

21: Ralph Mackmull, **Der Mann und die Kirche - Eine Beziehung in der Krise?**
Von Gefahren und Chancen kirchlicher Männerarbeit.
2006, 170 Seiten, € 18,00. ISBN 3-86628-100-5

22: Edgar Kösler / Michael N. Ebertz / Erika Heusler (Hrsg.),
Arbeit an den Grenzen. Zur Professionalisierung von Sozial- und Gesundheitsberufen.
Eine Weg-Gabe für Christoph Steinebach.
2007, 232 Seiten, € 18,00. ISBN 3-86628-168-4

23: Thorsten Kleiner, **Frühe Bindungserfahrungen und ihre Auswirkung auf die Gestaltung von Peer-Beziehungen in Gruppentherapien** - Analyse einer Kinderpsychodrama-Gruppe.
2008, 232 Seiten, € 18,00. ISBN 3-86628-213-3

24: Michael N. Ebertz, Werner Nickolai, Renate Walter-Hamann (Hrsg.), **Opfer, Täter und Institutionen in der nationalsozialistischen Gesellschaft** — Blicke aus der Gegenwart.
2009, 186 Seiten, € 18,00. ISBN 3-86628-233-8

25: Nils Weiser, **Gymnasium in acht Jahren - Zeitgewinn durch Zeitverlust oder doch nur Frust?** Eine Befragung von Schülern über G8 und die Folgen.
2009, 184 Seiten, € 18,00. ISBN 3-86628-269-9

26: Christine Jung, **Schule und Jugendarbeit in Kooperation.**
Spannungen, Chancen und Grenzen.
2009, 350 Seiten, € 22,00. ISBN 3-86628-270-2

27: Felix Neumann, **Sozialstiftungen**.
Sozialstiftungen in Nähe und Distanz zum deutschen Sozialstaat.
2010, 120 Seiten, € 18,00. ISBN 3-86628-311-3

Hartung-Gorre Verlag D-78465 / Tel.: +49 (0) 7533 97227 // Fax: +49 (0) 7533 97228
http://www.hartung-gorre.de // eMail: verlag@hartung-gorre.de

MenschenArbeit. Freiburger Studien

Herausgegeben von Michael N. Ebertz, Werner Nickolai und Martin Becker

28: Anna Lucia Jocham, **Antiziganismus:**
Exklusionsrisiken von Sinti und Roma durch Stigmatisierung.
2010, 220 Seiten, € 18,00. ISBN 3-86628-313-X

29: Alexandra Dold, **Polizei und soziale Hilfe als soziale Systeme.**
Chancen und Grenzen der Koordination.
2010, 198 Seiten, € 18,00. ISBN 3-86628-335-0

30: Almut Herrenbrück, **Pflegende Söhne** – gängige Rollenmuster oder neue Lebensentwürfe?
2010, 140 Seiten, € 18,00. ISBN 3-86628-336-9

31: Jürgen Sehrig, **Befremden, Anerkennung und Selbsterkundung –**
Interviews zur Mitbeteiligung und Faszination im Nationalsozialismus
2013. 414 Seiten. €29,80 .ISBN3-86628-477-2

32: Werner Nickolai, Jürgen E. Schwab, **Anders als erwartet.** Was bleibt von einer deutsch-polnischen Jugendbegegnung zwischen Geschichte und Gegenwart.
2014. 142 Seiten. € 18,00. ISBN 3-86628-517-5

33: Martin Becker, **GWA-Personalbemessung.** Orientierungshilfe zur Personalbemessung professioneller Sozialer Arbeit im Handlungsfeld der Stadtteil- und Quartierentwicklung.
2016. 360 Seiten. € 29,80. ISBN 978-3-86628-576-7

34: Julia Frank, Gerald Greschel, **Vom Stigma zum Eingriff.** Erziehungsalltag im Erzbischöflichen Kinderheim St. Anton in Riegel zur Zeit des Nationalsozialismus.
2016. 160 Seiten. € 18,00. ISBN 978-3-86628-578-1.

35: Werner Nickolai, Jürgen E. Schwab,
Partner in ähnlicher Mission? Polizei und Soziale Arbeit. Eine empirische Feldstudie zu Fremd- und Selbstbildern in der Kooperation der Berufsgruppen.
2017, 156 Seiten, € 18,00. ISBN 978-3-86628-604-7

36: Dominic Mann, Annette Bukowski, Werner Nickolai
Vom Runden Tisch gegen Ausländerfeindlichkeit zum Runden Tisch für Mitmenschlichkeit. Die Geschichte des Runden Tisches in Breisach.
2018, 238 Seiten, 18,00 € ISBN 978-3-86628-622-1.

37: Solveig Roscher, **Ungleichverteilung als soziales Problem.**
Frauen in Führungspositionen in börsennotierten Unternehmen.
2019, 106 Seiten, 18,00 € ISBN 978-3-86628-654-2.

38: Erika Adam und Stephanie Bohlen (Hrsg.), **Autonomie und Gerechtigkeit als Illusion?**
Beiträge zu einer mehrdimensionalen Ethik aus zehn Jahren M.A. Angewandte Ethik.
2019. 332 Seiten, € 34,80. ISBN 978-3-86628-617-7

39: Lilith Hildebrand, **Ressource Spiritualität?**
Empirische Erkenntnisse aus der Arbeit mit trauernden Menschen.
2020, 94 Seiten, € 19,90. ISBN 978-3-86628-672-6

Hartung-Gorre Verlag D-78465 / Tel.: +49 (0) 7533 97227 // Fax: +49 (0) 7533 97228
http://www.hartung-gorre.de // eMail: verlag@hartung-gorre.de